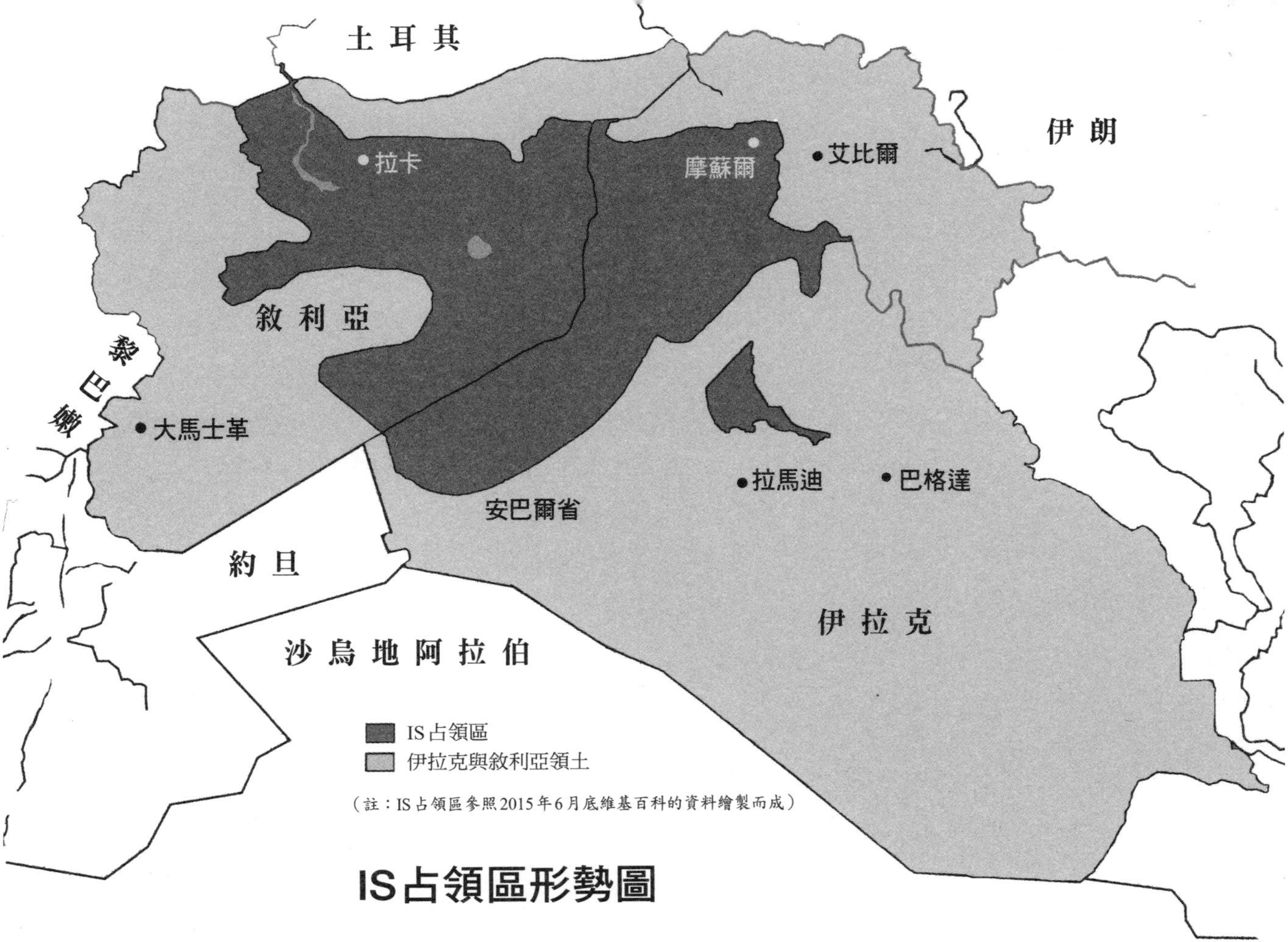

（註：IS占領區參照2015年6月底維基百科的資料繪製而成）

IS占領區形勢圖

你所不知道的IS

40個關鍵面向，全面理解伊斯蘭國的崛起、運作與全球威脅

王友龍——著

目錄

四、關於IS的外國聖戰士

五、IS對全球造成的威脅

六、美國對付IS所投入的資源與IS的最終結局

附錄

自序

受到二〇一一年「阿拉伯之春」民主運動的波及與影響，中東地區的局勢更加動盪不安，加上二〇一四年「伊斯蘭國」（Islamic State）的建國與壯大，領土已超過台灣七倍，這些透露出的意義就是美國中東政策與反恐戰爭的全面失敗！

中東與周遭地區會走到今日難以收拾的局面，與英法等西方列強早期殖民中東，以及二戰後的強權美國有關。一九一六年第一次世界大戰歐洲戰場打得如火如荼的時刻，英國煽動阿拉伯人起義，意圖推翻鄂圖曼土耳其帝國，承諾獲勝後在中東建立泛伊斯蘭的國家，正當阿拉伯人起而反抗時，英國、法國與俄國卻私底下簽訂「塞克斯-皮科特協定」密約（Sykes-Picot Agreement，是以英國外交部中東地區負責人馬克・塞克斯〔Mark Sykes〕與法國駐貝魯特前領事弗朗索瓦・皮科特〔François Georges-Picot〕兩人之名命名而成），決定大戰結束後要如何分割與支配阿拉伯世界，後來列強在戰後依該協定強行分割阿拉伯領土，這就是今日在地圖上看到中東國家筆直國界線的由來，毫不考慮阿拉伯地區各地種族、宗教與歷史背景上的明顯差異，例如：該協定將什葉派為主的南部和遜尼派為主的北部，加上庫德族人，合組成現在的伊拉克，成為該地區紛擾不斷與暴力衝突的根源（伊拉克於一九三二年獨立）。

另一方面，就是美國在中東與周遭地區所扮演的角色，二〇一四年成立的「伊斯蘭國」是美國整個中東戰略下衍生的產物，它的殘暴殺戮固然不足取，但我們必須知道「恐怖主義」（terrorism）可以分為兩種：「顯性」與「隱形」，顯性恐怖主義是恐怖組織以暴力手段取人性命，這是我們熟知的恐怖主義樣貌，例如：發起911事件的「蓋達」組織、以凶殘手段聞名的「伊斯蘭國」等，而隱性恐怖主義則是以利益交換的手法，在當地扶植代理人的獨裁政權，迫害異議分子，剝奪伊斯蘭世界人民在民主與經濟兩方面的權益，而美國就是幕後操控的黑手，更精確地說，所謂的中東政策只是在隱藏與維護美國野心與利益的外在門面，而且全球皆然。

對於這種情況，連美國的知名思想家杭士基（Noam Chomsky, 1928~）也對自己的國家看不下去，在他所寫的《海盜與皇帝：真實世界中的國際恐怖主義》（*Pirates and Emperors, Old and New: International Terrorism in the Real World*）一書中，指出美國也是國際恐怖主義的製造者；美國早已不是一八六七年大清國總理各國事務衙門所一致認為的「英法美三國以財力雄視西洋，勢各相等，其中美國最為安靜，性亦平和」的面貌了。

二〇〇一年911事件後，美國進行「反恐戰爭」，入侵阿富汗與伊拉克，二〇一一年美軍撤離伊拉克後，權力的真空狀態讓伊斯蘭國趁虛而入，成為歐美的難纏對手；在二〇一四年建國後，羽翼已豐，反過來攻擊與收編同屬穆斯林的其他極端組織，包括當年他的頂頭上司「蓋達」

在內。

關於伊斯蘭國的崛起原因，已有不少探討，包括：來自石油與人質贖金等豐沛的資金來源、嚴密的架構組織、網路宣傳戰的影響力與恫嚇人民與叛亂分子的嚴酷刑罰，加上美國策略失當與多國聯軍不夠團結等外在因素，但更重要的，是信念與願景，透過領導人的喊話，灌輸全世界伊斯蘭國的信念與往後的發展願景：一個遼闊的、貫穿歐亞非的「哈里發國」，這才是伊斯蘭國超越聖戰的最厲害武器，從意識上提供伊斯蘭國戰鬥人員「為何而戰」與「為誰而戰」的一套理念，導致伊斯蘭國的戰士成為一群善戰而又視死如歸的殺人機器。

筆者從十二歲起開始閱讀軍事、情報與國家安全相關的書籍，長期關注該領域的議題與事態發展，在美國反恐戰爭的歷史中，所有的恐怖組織以近年崛起的伊斯蘭國最為特別，但讀者僅能從國外的相關著作或國際新聞的零星報導中略知梗概，不易理解伊斯蘭國與相關事件的全貌，於是決定動手整理一本能讓國人徹底認識IS伊斯蘭國的專書。

本書為讀者開啟一個伊斯蘭國的全景式視窗，提供讀者一個宏觀的視野與豐富的事件記錄，全書分為六大章、四十個關鍵面向，取材自公開資料，經由歸納、比對與補充等整理功夫，再加上筆者的觀點與判斷書寫而成；看完本書後，讀者將能對伊斯蘭國的來龍去脈、經營管理、網路宣傳／駭客手法與相關歷史事件等，有宏觀清晰的概念與理解。

此外筆者特別整理了IS與相關各國大事記拉頁年表，以及美國參議院「武裝力量委員會」

有關伊斯蘭國的聽證會內容，讀者可以將這兩個附錄與書中的相關內容做相互對照，相信會更有收穫。

王友龍寫於台北二〇一五年六月

一、伊斯蘭教與IS的崛起

1. 伊斯蘭教分為哪兩大教派？IS屬於哪一派？最終的信仰與企圖是什麼？

二〇七〇年伊斯蘭教將取代基督教，成為全球第一大宗教

隨著全球人口增加，每個宗教的信仰人口比例也發生了變化，二〇一五年四月美國獨立民調機構「皮尤研究中心（Pew Research Center）發表一份研究報告——「世界宗教的未來」[1]，預估距今三十五年後的二〇五〇年全球的宗教信仰情況，那時全球基督徒人口將有二十九億二千萬人（二〇一〇年為二十一億七千萬人，為世界第一大宗教），約占全球人口的31.4％（二〇一〇年為31％），居第一，其次為信仰伊斯蘭教（Islam）的穆斯林（Muslims）人口為二十七億六千萬人（二〇一〇年為十六億人），約占全球人口的29.7％（二〇一〇年為23％），穆斯林人口緊追在基督教徒之後，兩者只相差1.7％。

報告指出，歐美的基督徒人口在未來將減少很多，到二〇五〇年，基督徒人口在英國、法國與澳洲將不到各國人口數的一半。

另一個要注意的是人口的「質」的變化，由於伊斯蘭教的人口增長率將成長到73％，也就是「增產報國」的速度超過世上其他宗教，也等於基督教未來人口增長率35％的兩倍，到時穆斯林

不僅將占歐洲總人口數的10％，而且人口年輕化、生育率高，亞太地區的穆斯林人口也占多數，依照此趨勢發展，伊斯蘭教在二〇七〇年將超越基督教，成為全球第一大宗教。

伊斯蘭教可分成「遜尼派」與「什葉派」兩大派別，IS屬於遜尼派

伊斯蘭教的世界並非鐵板一塊，而是分成許多不同的派別，甚至派中有派，今天的穆斯林可分成「遜尼派」（Sunni）與「什葉派」（Shiites）兩大宗教派別，Sunni（遜尼）的原意為「遵循聖訓者」，也自稱「正統派」，是伊斯蘭教的最大派別，至於Shiites（什葉）的原意為「追隨者」，目前專指擁護穆罕默德的堂弟、女婿阿里及其後裔擔任穆斯林領袖伊瑪目的人。

其實，遜尼派與什葉派還是有高度的共通性，例如：兩者都信仰唯一的造物主、遵守伊斯蘭教的基本規範與禮儀，只是什葉派早期的政治觀點與受到迫害的經驗，讓什葉派逐漸發展出不同於遜尼派的傳統神學體系。

遜尼派與什葉派之間有著數百年來的宗教紛擾與鬥爭，直到近代情勢更是日趨惡化，尤其是在複雜敏感的中東地區，兩派間的衝突時有所聞，但遜尼派在伊斯蘭教占絕大多數，全世界約有85％～90％的穆斯林屬於遜尼派，而什葉派只占全球穆斯林人口的10％～15％，遜尼派的人數約是什葉派人數的六～九倍，形成一派獨大的局面。

再來看看中東地區的複雜情況，不要說國家之間因宗教派別不同所造成的緊張關係，就算是

同一國，如果執政者與人民分屬不同派別，政治與社會情況也就會不穩定，甚至失控。

中東地區的主要國家，例如：伊朗與伊拉克是以什葉派為多數，這就是為什麼伊拉克政府軍遭受遜尼派的IS的猛攻，伊朗願意主動伸出援手的原因。

至於敘利亞在遜尼派的海珊垮台後，雖然由什葉派掌權，但該派在國內屬少數，廣大的群眾還是以遜尼派居多，這就埋下敘利亞政局動盪的潛在因素。

至於鄰國的沙烏地阿拉伯則由遜尼派掌權，許多中東的紛爭都與伊朗與沙烏地阿拉伯這兩國的代理人戰爭有關，而IS則是眾多遜尼教派的極端組織之一。

遜尼派還有許多分支，形成派中有派的現象，而「瓦哈比派」與「薩拉菲派」是其中兩大分支。

遜尼派中的「瓦哈比派」

這是IS信仰的教派，瓦哈比派（Wahhabism）是十八世紀時，穆罕默德・伊本・阿布多・瓦哈比（Muhammad ibn Abd al-Wahhab，1703~1792）領導伊斯蘭信仰的復興運動，後來演變為十九世紀的伊斯蘭教基本教義派——瓦哈比派，後來瓦哈比派還與紹德家族（Saud）一起合作，促成沙烏地阿拉伯的建國，這就是沙國成為瓦哈比派大本營的歷史背景。

但瓦哈比派相當極端激進，將其他非我族類的伊斯蘭教派（例如：什葉派、薩拉菲派）當成異端，IS就是從瓦哈比派吸收養分而逐漸壯大。

遜尼派中的「薩拉菲派」

十九世紀時，沙烏地阿拉伯興起「薩拉菲運動」（Salafi Movement或Salfism），薩拉菲派（salafiste）追求復古，一心想回到默罕默德與他的跟隨者的時代，獨尊《可蘭經》（*Koran*）與《聖訓》（由後人所編的伊斯蘭教先知穆罕默德的言行錄），薩拉菲派強調字面上的解讀與釋義，反對一千多年來哲學性的神學思辨。

他們痛恨西方現代主義，生活嚴謹，就像清教徒般，以苦行僧的精神，嚴格遵守伊斯蘭律法，除了穆罕默德，他們反對古代的聖徒與各種宗教圖示的符號，只信仰一個真主——「阿拉」。

IS的所屬派別與「征服世界」的信仰

IS屬於遜尼派中的瓦哈比派，是因為其頭子巴格達迪（Abu Bakr al-Baghdadi）與主要首腦都是瓦哈比派教徒，但是，IS比瓦哈比派更為激進。

美國《大西洋月刊》（*The Atlantic*）的編輯格雷米．伍德（Graeme Wood）是研究伊斯蘭的專家，他在二〇一五年三月號的雜誌上發表一篇調查報導：〈ISIS到底要什麼？〉（*What ISIS Really Wants?*），他採訪了一些支持IS的同路人，蒐集到關於IS信仰與價值觀的資料：

IS比薩拉菲派更嚴格、更極端

IS反對包括選舉制度在內、任何與現代有關的觀念與做法，對於回歸《可蘭經》與《聖訓》這件事，做得比薩拉菲派還要徹底，一點都不能含糊。

IS對待其他不同門派穆斯林的嚴酷標準，甚至超過對待其他宗教的程度，認為什葉派與薩拉菲派都是叛教者，應該處決，他們也反對蓋達組織，但尊崇911事件的領導者——賓拉登（Osama bin Laden, 1957-2011）的地位。

持不同意見的穆斯林都必須處決

IS對《可蘭經》與《聖訓》的字面解讀，讓他們認為必須加速末日的到來，手段就是砍人頭、奴役婦女與小孩，反對他們做法的穆斯林，就是違背《可蘭經》與《聖訓》的教誨，就是叛教者，而處決是對付叛教者唯一的方法。

戰爭是一種憐憫，不是殘酷

英國倫敦一位名叫Anjem Choudary的IS同路人說：「IS認為戰爭是一種憐憫，而不是殘酷。」

IS的理由是，維護阿拉的信仰是他們最崇高而神聖的任務，列為第一優先，為了達成這個使命，他們有義務用恐怖與殘忍的手段對付敵人，因為這樣做可以加速勝利，縮短戰爭的時間，減少傷亡，所以戰爭就成為一種憐憫。

IS要征服「羅馬」

IS的末世觀有點像基督教的末世觀：「羅馬的軍隊要與伊斯蘭的軍隊在敘利亞相遇」，那場戰爭將會是羅馬的滑鐵盧，最後，末世到來，由穆斯林獲得勝利。

IS要「征服你們的羅馬，砍斷你們的十字架，把你們的婦女擄來做奴隸」，至於「羅馬」是指哪裡並沒有明說，卻希望這一天盡早來臨。

IS要征服全世界

當其他聖戰組織還在想破頭如何攻擊歐美等西方世界的時候，IS認為他們必須走自己的路，也就是建立一個屬於自己的國家——「伊斯蘭國」，因此，他們占領土地，還想要征服世界，他們不承認任何的國界，現有的國界只是一個過渡階段，最後都將歸於IS的統治之下。

反過來說，如果IS最後失敗，就表示他們的中心思想與神學路線也跟著破產，也就是說他們對《可蘭經》與《聖訓》做出錯誤的解讀，導致征服世界變成一件子虛烏有的事，只是在欺騙穆斯林同胞，因此，IS一定會使盡所有力氣與恐怖手段不讓這種事發生，因為歷史的教訓告訴我們：一個黨或組織的「論述」與「中心思想」的崩塌，要比戰場的失敗來得更為嚴重。

註1：這份研究報告採用七十國信仰人口的資料，但並未包括中國與印度。

2. 穆斯林族群的犯罪率很高嗎？《可蘭經》有教導他們使用暴力嗎？

不少人疑問信仰伊斯蘭教的穆斯林到底是怎樣的一群人？是一群擁槍自重搞恐怖攻擊的暴力分子？其實，不論膚色與種族，穆斯林群眾就像你我一樣，除了宗教不同，並沒什麼特別之處，一般人之所以會對他們有刻板印象，絕大部分是國際媒體來自中東地區的報導，而那裡正是全世界政教與暴力衝突最激烈的地區。全世界穆斯林人口最多的國家並不在中東，而在台灣的鄰居——印尼，穆斯林占其總人口數的80％以上（台灣目前約有五萬名穆斯林），但政治與社會狀況並沒有像中東那樣動盪不安。

我們可以從穆斯林社會的謀殺案犯罪率、《可蘭經》的經文，以及穆斯林對「聖戰」和「真主阿拉」的觀念，這三方面來探討此一問題。

穆斯林社會的謀殺案犯罪率是高還是低？

如果穆斯林是一群暴力分子，按理他們的暴力犯罪率一定高得嚇人，但事實並非如此。美國柏克萊大學政治系教授費雪（M. Steven Fish）所做的研究顯示，信奉伊斯蘭教的國家中，每一年每十萬人的謀殺案件數，平均是二．四件，而非伊斯蘭教的國家則是七．五件，相差三倍之多。

以地區而言，全世界爆炸案最多的地方，集中在伊拉克、敘利亞、葉門與阿富汗等少數地區，而不是全世界每個信奉伊斯蘭教的國家都會發生。

再就整體來說，以伊斯蘭教為主的社會，暴力犯罪的比例較其他地區為低。

穆斯林必讀的《可蘭經》是怎麼說的

再查一下《可蘭經》的經文，看看《可蘭經》是不是一部教唆暴力的經書，有沒有以明示或暗示的方式要穆斯林用暴力討回公道，但找不到相關的經文，例如：

①第二章一八七節

「誰與你戰爭，你們就在真主教導的道路上與他們戰爭，但不要過分，因為真主不愛過分的人。」這是說打仗只是為了自衛，即使如此，也不能過分。

②第四章一三九節

「當你聽到有人否定或嘲笑真主的話，不要跟他們坐在一起，一直到他們改變話題為止，否則你會落得跟他們一樣。」並沒說要殺害嘲笑伊斯蘭教的人。

③第十八章二九節

「真理由主來的，誰要相信，就任他相信；誰要不信，就任他不信。」沒說要拿著槍桿子逼迫別人信伊斯蘭教。

伊斯蘭世界對「聖戰」與「真主阿拉」的觀念

我們再看一下穆斯林社會對「聖戰」與「真主阿拉」的詮釋，以恐怖分子常常掛在嘴邊的「聖戰」（jihad）為例，《可蘭經》中共出現一百六十四次，原是奮鬥、鬥爭或努力的意思，穆斯林心目中的聖戰與基督教的聖戰一樣地神聖，它是伊斯蘭教的核心價值。

伊斯蘭教徒將「聖戰」解釋為個人內心與邪惡的鬥爭或防衛性的作戰，就這點而言，恐怖分子的主動殺戮行為，或自殺炸彈客的做法，並無法獲得大部分穆斯林的認同。

此外，伊斯蘭教強調對「阿拉」的順服是一切信仰的基礎，聖戰則是他們對真主的順服和犧牲，這是絕對不能開玩笑的，與基督教不同，基督教相信「懷疑」是信仰的基礎，強調對話與溝通。

據研究，目前全世界約有十六億的伊斯蘭教徒，而其中極端激進的暴力分子只占1%，廣大的伊斯蘭教徒並未與「暴力」二字畫上等號。

一個經典案例——引爆伊斯蘭世界怒火的一篇教宗演說

有一個天主教與伊斯蘭教之間的宗教紛爭案例，可以具體說明穆斯林信徒的立場。二〇〇六年九月十二日，領導全球十億名天主教徒的教宗本篤十六世（Pope Benedict XVI），在德國巴伐利亞邦雷根斯堡大學發表名為「信仰、理性與大學」的演說時，引述一三九一年中世紀東羅馬帝國教皇曼努埃爾二世談論《聖經》與《可蘭經》的對話錄，提到伊斯蘭先知穆罕默德提出的部分教義「邪惡且野蠻」，以暴力散播宗教信仰，雖然教宗並沒有在演說中，明確表明自己是贊成或反對曼努埃爾二世的看法，但已觸動全球穆斯林的敏感神經，群起要求教宗道歉。

教廷的澄清與伊斯蘭世界的反彈

在強大的抗議壓力下，教廷終於發表聲明，表示教宗本篤十六世對伊斯蘭教的立場與天主教教義是一致的，對於演說中的部分內容讓伊斯蘭世界感到不悅，教宗「極為遺憾」，強調這些語句經詮釋後的意義並不是他的本意，也沒有要冒犯伊斯蘭教的意思。

但風波並沒有就此平息，一向是穆斯林與天主教徒和平共處的巴勒斯坦，在教宗演說後的五天內，共有五座教堂遭到攻擊，各國政府也紛紛要求教宗道歉。

西方世界的反應

西方世界的反應兩極，英國與德國媒體為教宗辯護，認為教宗演說的內容被曲解，不過美國《紐約時報》在社論中卻強烈抨擊教宗，認為他必須發表「深刻且具說服力」的道歉聲明，因為「全世界對任何一位教宗的言語都謹慎傾聽，當一位教宗散播痛苦時，無論是故意或無心，都是悲慘且危險的」。

為什麼穆斯林沒有幽默感，對任何事不能一笑置之呢？

伊斯蘭是個有別於西方的龐大文明體系，具有近一千五百年的悠久歷史，占有全球1/4的人口，伊斯蘭的原意是「順服真主阿拉」之意，代表「平安、和平」，對穆斯林而言，伊斯蘭教義不僅是信仰，更是生活與文化的重心。

而在西方媒體眼中，伊斯蘭與穆斯林的形象往往是神祕且暴力的，伊斯蘭教的信徒好像對任何西方世界的批評或影射都缺乏幽默感，自認受到莫大的侮辱，一定要嚴肅以對，討回公道，而不能一笑置之；對於這個問題，當代的美國評論家、也是美國《華盛頓郵報》專欄作家的柯翰默（Charles Krauthammer）在一篇文章中也說：「不管宗教狂熱分子如何稱呼他們要求絕對忠實的神，他們都有不變的共同點：缺乏幽默感」。

要回答這個問題，英國倫敦的穆斯林基本教義派教長喬德瑞（Anjem Choudary）提出的看法值得參考。

他認為穆斯林信徒不相信言論自由的概念，他們的言語和行動都是由神示決定，並非依據人們的慾望，尊崇先知穆罕默德，比父母親，甚至個人都來得親近，維護先知是信徒的義務，在實施伊斯蘭教律法的國度，褻瀆是嚴重罪刑，所有信徒都希望捍衛先知尊嚴，甚至付諸行動。

喬德瑞也認為，即使在西方的民主自由社會，也有法律禁止煽動與仇恨的言論，這是一個不容否認的事實。

還有一點可以解釋為什麼伊斯蘭教與其他宗教之間存在鴻溝，由於伊斯蘭教並沒有一個統一與權威的機構對《可蘭經》經文做出最終的解釋，造成《可蘭經》的經文在激進派與溫和派，或是什葉派和遜尼派間，各自都有不同的解讀，這也讓少數的暴力極端分子有機可乘，將《可蘭經》的一些經文加以扭曲，美化自己的暴力行為，並成為對外吸收新成員的說詞與護身符。

美國實驗心理學家品克爾（Steven Pinker）認為，人類社會發生暴力與殘酷的原因有五項：「掠奪」、「征服」、「復仇」、「施虐」與「意識型態」，前四項通常是人與人之間的暴力衝突主因，最後一項「意識型態」則出現在德國納粹黨消滅猶太人、前蘇聯史達林的「大清洗」與世界歷史上發生的其他大屠殺。

品克爾指出，人們往往放大自己的不滿，而低估他人的痛苦，這種認知上的錯覺與偏差，促使殺戮與流血事件反覆發生。

他認為，人類自私自利的成見與偏見，讓每個人都認為自己是站在正義的一方，而將對方妖魔化，如果人類想要和平，就必須先為和平一起攜手奮鬥。

看了這些不同的正反意見後，也許最好的結局是基督教世界對伊斯蘭教多一分理解與尊重，而穆斯林能對一些批評多一份幽默感，這樣也許就能逐漸降低雙方的敵意，讓雙方的誤解與衝突能有化解的一天。

3. IS劊子手說：「你們這些十字軍別想平安無事……」是什麼意思？

IS劊子手說這段話的事件始末

二〇一五年二月十五日效忠IS的利比亞聖戰士在網站上播出一段影片，影片中二十一名埃及的科普特（copts）基督徒身穿橘色囚服，被押到的黎波里的海邊，跪在地上，然後一個一個被斬首。

在斬首前，一名拿刀的劊子手說：「今天我們在羅馬南方，在伊斯蘭國土的利比亞，公布重大消息，你們這些十字軍（和我們作對的人）別想平安無事……」，這名劊子手說的是什麼意思？關鍵就在這段話的「十字軍」（crusade）三個字。IS的聖戰士經常將以美國為首的西方國家稱為「十字軍」或「羅馬人」，影射歷史上的十字軍東征，而劊子手沒說出口的一段話，才是重點，他是要咬牙切齒地告訴穆斯林同胞：「來吧！讓我們奮起，一起為歷史上死去的穆斯林同胞復仇！」

十字軍東征的源頭與原因

十字軍這種論調現在有時還會被一些恐怖分子利用，做為殺人與恐怖攻擊的合理化藉口，強化自己是受害者的形象。

十一世紀後期，當時中亞的伊斯蘭帝國——塞爾柱帝國（Seljuk Empire）開始向西征伐，占領了聖城耶路撒冷，一〇七一年入侵拜占庭帝國（東羅馬帝國）的安納托利亞（現在的土耳其），拜占庭帝國戰敗面臨帝國滅亡的危機，當時的皇帝亞歷西烏斯一世（Alexius I Comnenus）便以基督教世界受到伊斯蘭勢力威脅的宏大理由，向羅馬的天主教教宗請求援軍。

一〇九五年，教宗烏爾班二世（Pope Urban II）在法國南部的克萊蒙（Clermont）召開會議，批准了這項請求，並發表演說，以上帝的旨意做為號召，呼籲遠征，發起十字軍運動，一〇九六年派遣歐洲聯軍前往東方，拯救拜占庭弟兄免於被穆斯林奴役，並解放耶路撒冷。由於這些歐洲戰士的軍裝前面都繡有十字標誌，因此被稱為十字軍。

其實烏爾班二世做這個決定是有私心的，從十一世紀後期的國際情勢來看，西歐並不會與統治近東的塞爾柱土耳其人直接發生衝突，因為受到最大威脅的，是中間的拜占庭帝國，而他是想利用這次出兵機會提高自己的地位，進而在與神聖羅馬帝國皇帝爭奪主教任命權一事上占上風，再掌控整個歐洲，只是他將這場戰爭包裝成一項大義凜然的征伐義舉。

十字軍東征的發展過程

整體分析

這一場橫跨一七〇年的十字軍東征，發生在一〇九六年～一二七〇年，共有八次（也有一說是七次），前四次出征的規模較大，後面四次則有氣無力，沒能取得實質進展與具體戰果。

十字軍東征的本質，基本上是對穆斯林侵占曾經屬於基督徒領土的回應，也就是十字軍東征是要收復在中東被穆斯林強占的土地，但十字軍東征以失敗收場居多，最後十字軍還是沒能收復耶路撒冷；一二九一年十字軍的最後一個軍事據點阿卡（Acre）淪陷，十字軍運動的年代正式宣告結束。

前四次的十字軍東征戰役

第一次的十字軍東征發生在一〇九六年～一〇九九年，響應教宗烏爾班二世的號召，以法國與法蘭德斯（現在的荷蘭與比利時）的諸侯為主力，出發遠征，成功收復聖城耶路撒冷，並建立「耶路撒冷王國」（Kingdom of Jerusalem）。

發生在一一四七年～一一四九年的第二次十字軍東征，則因內部分裂問題而削弱戰力，無功而返；後來穆斯林展開反擊，一一八七年埃及的阿尤布王朝（Ayyubid Dynasty）的薩拉丁

（Saladin）擊敗十字軍，再次奪回耶路撒冷。

第三次的十字軍東征發生在一一九〇年～一一九二年，是陣容最浩大的一次，由三位國王共同領軍，他們是神聖羅馬帝國皇帝腓特烈一世（Frederick I）、英格蘭國王理查一世（Richard I）與法國國王腓力二世．奧古斯都（Philip II Augustus），他們率領大隊人馬朝耶路撒冷前進，但途中腓特烈一世因意外而身亡，加上腓力二世與理查一世之間互信不足，心結日益擴大，導致腓力二世提早返國，讓這次東征最後由理查一世與薩拉丁和解收場。

至於第四次的十字軍東征則發生在一二〇二年～一二〇四年間，由教宗英諾森三世（Pope Innocent III）發動，但後來卻由西歐主要商業城市之一、提供遠征船隻的威尼斯商人主導，這次東征違背了十字軍當初成立的目的與初衷，由貪婪的人性占上風；由於雙方都有商業利益的考量，十字軍與威尼斯商人結合，矛頭對內，轉而攻擊同屬基督教的拜占庭帝國首都君士坦丁堡（Constantinople），在君士坦丁堡淪陷後，十字軍在當地建立拉丁王國，拜占庭帝國不得已只好在小亞細亞的尼西亞（Nicaea）設立臨時首都，直到一二六一年才奪回君士坦丁堡。

身處貿易中心而繁榮的拜占庭帝國萬萬想不到，自己主動找來的友軍怎麼變成毀滅自己的兇手，而威尼斯商人從此也如願以償地從拜占庭帝國手中搶回東方貿易的主導權，獨占地中海龐大的貿易利益。[1]

十字軍東征的影響

長達一百七十年的十字軍東征運動，所造成的影響主要有以下三點：

①加速歐洲近代文明的進化

擴展了歐洲人與基督徒的國際視野，激起歐洲人向外發展的企圖心，促使歐洲的統治者開始將資源投入對外的探險活動上，揭開近代歐洲大航海時代與地理大發現的序幕。

②歐洲經濟與文化層面的轉變

第四次十字軍東征以後，威尼斯、熱那亞等義大利沿海城市與穆斯林發生貿易關係，地中海貿易蓬勃發展，有助於歐洲的商業復興與基督教神學的發展，為歐洲的經濟與文化帶來重大改變。

③國王權力的集中與鞏固

十字軍東征雖然最後以失敗收場，使得教宗的權威與地位下降，但國王的權力則更加鞏固，加上封建制度解體，長年征戰使諸侯、貴族與騎士沒落等因素，導致後來的歐洲紛紛出現以國王為中心的中央集權的統一國家。

註1：拜占庭帝國最後於一四五三年亡於「鄂圖曼土耳其帝國」（Ottoman Empire），簡稱「鄂圖曼」帝國，大陸地區稱為「奧斯曼」帝國，結束長達千年的帝國歷史。

4.「阿拉伯之春」運動與IS的出現有什麼關聯？

一場打開潘朵拉的盒子、掀起熊熊戰火的「阿拉伯之春」運動

「阿拉伯之春」（Arab Spring）是指二〇一一年北非與中東地區風起雲湧的民主革命浪潮，導致突尼西亞、埃及、利比亞與葉門等國的獨裁政權接連垮台，照理人民推翻獨裁貪腐的強人後，應該會替國家帶來光明的希望，但在這些地區人民自發性的革命勝利並沒有帶來民主與和平，反而讓各國陷入新舊勢力惡鬥，甚至舊勢力全面反撲的動盪局面。

最先燃起這把火的是二〇一〇年十二月十七日、位於北非的突尼西亞的「茉莉花革命」（茉莉花是突尼西亞的國花），二〇一一年推翻獨裁總統班阿里（Zine El Abidine Ben Ali）像是打開潘朵拉的盒子般，一發不可收拾，人民革命的怒火接著蔓延到大半個北非與中東地區，最後演變成暴力衝突的「阿拉伯之春」，衝擊了許多長年穩固的獨裁政權。至今多數國家仍深受阿拉伯之春所帶來的動亂之苦，不斷發生流血的暴力衝突，百姓苦不堪言。

埃及的「阿拉伯之春」以失敗收場

受到突尼西亞的啟發，埃及人民於二〇一一年一月二十五日響應阿拉伯之春運動，在推翻執政三十年的軍人獨裁者穆巴拉克（Hosni Mubarak）後，由埃及最大的伊斯蘭政治組織穆斯林兄弟會支持的穆爾西，經由民主選舉上台執政，成為埃及首位由人民直選、信奉伊斯蘭教的文人總統，但才就任一年又三天，就遭軍方發動政變罷黜且被軟禁。

穆爾西的支持者進行大規模示威抗議，結果遭埃及軍警武力鎮壓，由軍方扶植上台的臨時政府不但宣布全國進入緊急狀態，還查禁穆斯林兄弟會。

最後，埃及的民主美夢就在軍方等傳統勢力的反撲下，變成一場惡夢。

利比亞的「阿拉伯之春」造成血腥衝突不斷

二〇一一年二月十五日利比亞人民進行大規模示威，好不容易推翻格達費長達四十二年的鐵腕政權，本來應歡欣慶祝，但新的中央政府無力掌控全國，各部族、地區與黨派利益層層糾結，複雜難解，加上各部族間的武裝衝突不斷，導致利比亞新政府鬧出雙包，並陷於衝突，武裝部隊相互攻擊與對手結盟的城鎮；石油生產與出口設施也遭到破壞，全國可說百廢待舉，而國際恐怖組織也乘虛而入，美國駐利比亞大使在班加西遇襲身亡就是一個例子。

葉門的「阿拉伯之春」導致恐怖組織的攻擊

經過葉門群眾將近一年的民主抗爭後，統治葉門三十三年的薩利赫總統，終於在二〇一一年十一月簽署由國際斡旋的政權移交協議，以換取本人及親屬可以不受司法起訴的豁免權。

然而葉門並沒有因此平靜，反而陷入「阿拉伯半島基地組織」的一連串恐怖攻擊，例如：當新總統哈迪在二〇一二年二月二十五日宣誓就職當天，該組織就對東南部穆卡拉市的總統行宮，發動自殺炸彈攻擊，造成衛隊二十六人喪生。

巴林的「阿拉伯之春」回到獨裁原點

波斯灣島國巴林在二〇一一年二月與六月發生兩次民眾抗爭事件，國王哈馬德承諾推動改革，但最後不僅食言，還出動軍警強力鎮壓民運。

民運的反政府領袖被當局以企圖顛覆國家政權罪名判刑監禁，哈馬德更頒布新政令，剝奪公民權利，包括全面禁止首都的示威抗議活動。

敘利亞的「阿拉伯之春」讓全國陷入內戰

敘利亞人民在二〇一一年三月十五日響應阿拉伯之春民主運動，在全國各地發動大規模反政府示威，要求阿塞德（Bashar al-Assad）總統下台，但是阿塞德卻動用軍警血腥鎮壓，於是民眾進行武裝抗爭，演變成漫長的內戰，平民死傷無數，後來IS就在敘利亞的這場內戰中崛起。

「阿拉伯之春」讓中東的GDP一下子掉了35%

二〇一三年十月英國滙豐銀行（HSBC Bank）的經濟學家，嘗試估計阿拉伯之春運動爆發以來所產生的經濟損失，估計受影響國家在二〇一一～二〇一四年的經濟產值折損約8千億美元。

此外，滙豐銀行也針對埃及、突尼西亞、利比亞、敘利亞、約旦、黎巴嫩和巴林等這些或多或少受中東的反政府革命影響的國家，做了一次國內生產毛額（GDP）的估計，發現這些國家在二〇一四年的實際GDP與如果沒發生阿拉伯之春的GDP相較，共減少了35%。

歐洲重建開發銀行（EBRD）與世界銀行（World Bank）的經濟學家指出，如果要協助這些國家推動長期改革，國際社會每年必須挹注3百～4百億美元，並且要持續三年。

「阿拉伯之春」運動與IS成立的關聯性

二〇〇三年美軍入侵伊拉克，IS（當時稱為ISIL）當時的大本營就設在與敘利亞接壤的伊拉克西部的安巴爾省（伊拉克最大的省分），當地人口以遜尼派為主，IS吸收被美軍下令解散的前總統海珊的伊拉克共和衛隊軍官作為骨幹，逐漸累積可觀的作戰實力。

在伊拉克戰爭期間，IS曾造成美軍的重大傷亡，二〇〇六年後曾一度衰落，但在二〇一一年因為阿拉伯之春運動造成伊拉克與敘利亞政局動盪不安，加上美軍撤離伊拉克，才讓IS能同時占有兩國的部分土地，擁有據地為王、乘機作亂的本錢與機會。

至於造成超過二十萬人死亡的敘利亞內戰也是受阿拉伯之春運動波及的結果，由於阿塞德政權採行獨裁統治，不僅迫害人權，政府貪腐又經濟凋敝，民怨四起，埋下內戰的地雷，加上阿塞德總統與統治階層屬於什葉派的分支阿拉威教派（Alawite），造成少數執政，而大多數的敘利亞人民屬於遜尼派，這個因宗教歧異而產生的教派衝突也是敘利亞內戰的另一原因。

伊朗與俄羅斯勢力援助阿塞德政權

大家可能會問：怎麼敘利亞內戰打了四年多還沒結束？原因是有人暗助阿塞德總統——什葉派的伊朗與在當地有重大戰略利益的俄羅斯，阿塞德政權獲得這兩國的大力援助，才有和反抗軍對打的本錢，如果沒有伊朗與俄羅斯在背後大力支持，阿塞德的獨裁政權可能早就被推翻，敘利亞情勢又是另一番局面了。

另一方面，美國原本是站在敘利亞反抗軍的一方，但由於美國國內的反戰情緒高漲（美國發起伊拉克戰爭的後遺症，將民意原本支持的後盾與籌碼都消耗殆盡），讓歐巴馬總統考慮再三，最後決定不再軍援背景複雜的敘利亞反抗軍，這樣的權力真空就讓IS等恐怖組織有喘息與發展的機會。

如果歐巴馬支援敘利亞反抗軍，不僅IS沒有出頭的機會，也會讓敘利亞內戰成為越戰後的另一場代理人戰爭——美國v.s.俄羅斯與伊朗。

美國反恐戰爭的影響

除了阿拉伯之春的影響外，美國打了超過十年的反恐戰爭也是造成中東局勢動盪的另一個重要因素，這場戰爭最大的影響就是破壞中東地區原本巧妙的權力平衡關係。

自從美國打贏對伊拉克海珊政權、阿富汗塔利班（神學士）政權的反恐戰爭後，付出的代價就是讓伊朗崛起，成為區域性的強權。伊拉克與阿富汗都和伊朗相鄰，彼此對立，在宗教上也有所分歧，三者間形成一種恐怖的平衡關係，美軍來了之後，這種平衡被打破，造成伊朗坐大的局面。

IS的壯大

美軍將伊拉克獨裁總統海珊趕下台占領伊拉克後，本來是少數統治的遜尼派失勢，後來重新辦理選舉，結果由人口占多數的什葉派上台，並立即向伊朗示好靠攏，同時拒絕將權力與資源下放給遜尼教派與庫德族等少數民族，讓原本屬於當權派的遜尼派人士恨得牙癢癢，轉而從事伊拉克境內的恐怖活動，以發洩對什葉派執政當局的不滿。

在美軍離開伊拉克後，什葉派總理馬利基（Nouri al-Maliki）獨攬權力，但他領導的伊拉克政府軍貪腐又無能，被民眾認為是一支無法打勝仗的隊伍。

伊拉克軍隊由約三、四十萬名士兵組成，這些士兵對政府並不忠誠，且幾乎都不敢跟IS打仗，一看到IS就紛紛撤退、投降。

另一方面，當IS出現在伊拉克北部戰場時，這些地區的遜尼派部落居然不願抵抗IS，擺明就是要扯什葉派政府的後腿，即使失去土地也在所不惜，這就是IS能夠迅速橫掃伊拉克北部的主要原因。

5. IS算是一個國家嗎？計畫中的「哈里發國」位在哪裡？

IS具備國家的所有要素，確實是一個國家

IS已控制伊拉克西北部與敘利亞東北部的大部分地區，面積已經超過英國，與一般恐怖組織不同，IS統治超過六百萬的人民，還有政府、土地、銀行、油田、軍隊、警察、法律、貨幣與稅收，和一般政府運作的功能相同，因此，IS已經是一個標準的「國家」狀態，不再是單純的組織。

IS、ISI、ISIL、ISIS與DAESH有何不同？如何區分？

「伊斯蘭國」（Islamic State, 簡稱IS）已在二〇一四年六月二十九日正式建國，首都在敘利亞北部的拉卡市（Raqqa），它最早的稱呼是二〇〇四年的「伊拉克蓋達組織」（AQI），二〇〇六年十月改名為「伊拉克伊斯蘭國」（Islamic State of Iraq，ISI），後來在二〇一三年四月擴大改稱為「伊拉克與沙姆伊斯蘭國」（Islamic State in Iraq and al-Shām, 簡稱ISIS），又稱為「伊拉克與黎凡特伊斯蘭國」（Islamic State in Iraq and the Levant, 簡稱ISIL），「黎凡特」（the Levant）是英語

系國家稱呼地中海東部沿岸島嶼與國家的舊時稱法，該地區包括：敘利亞、黎巴嫩、以色列等國。

過往國際間多半以ISIS與ISIL來稱呼該組織，而做為美國媒體新聞寫作規範的「美聯社」（AP），則從二〇一四年八月十一日開始，統一使用IS做為新聞報導的名稱。

除了以上這些稱呼之外，還有一個同樣是簡稱為ISIS的「伊拉克與大敘利亞伊斯蘭國」（The Islamic State of Iraq and Greater Syria, ISIS）的名詞，因為英語中的「大敘利亞」（Greater Syria），其實是從阿拉伯語「沙姆地區」（al-Shām或Bilād-al-Shām）翻譯過來的，「沙姆地區」是一個民族主義的地理名詞，是阿拉伯世界對於地中海東部沿岸地區的稱呼，相當於英語中的「黎凡特」。

美國國防部在二〇一四年十二月表示，以後將把ISIS改稱為「達伊沙」（DAESH），不再使用IS、ISIS或ISIL稱呼這個極端的武裝組織。

「達伊沙」是阿拉伯國家稱呼「伊拉克與沙姆伊斯蘭國」一詞的英文縮寫，而DAESH與阿拉伯文中的「踩踏」一詞發音相似，用DAESH更能反映一般阿拉伯人對它的蔑視與憤怒；另一方面，很多阿拉伯國家認為，使用「伊斯蘭國」一詞不但褻瀆了伊斯蘭教，也會賦予該組織某種程度的合法性；此外，法國總統歐蘭德（François Hollande）和許多阿拉伯國家一樣，也使用DAESH稱呼這個恐怖組織。

伊斯蘭國正式建國，由領導人巴格達迪擔任「哈里發」（caliph），在阿拉伯語中，哈里發是指繼承者，也是全球穆斯林最高統治者，土耳其首任總統凱末爾（Mustafa Kemal Atatürk）在九十年前廢除「哈里發」這個稱號後，巴格達迪是第一個自稱這頭銜的人。

巴格達迪口中的「哈里發國」版圖

二〇一四年六月二十九日IS領袖巴格達迪自任哈里發，發表建國宣言，他在IS對外公布的一場附上英語字幕的影片中，談到IS未來的擴張計畫。

他說未來要建立一個「哈里發王國」（caliphate，即「阿拉伯帝國」），版圖涵蓋整個中東、北非、西亞、西班牙以及巴爾幹半島、東歐邊境、中亞、印度與中國的新疆地區，以實現過去四大哈里發時期版圖遼闊的伊斯蘭帝國的光榮（巴格達迪的演說將中國新疆列為第一順位）。

聽起來不可思議，但在歷史上卻有前例可循，穆斯林版圖起源於第七世紀穆罕默德與其繼承者的軍事擴張，直到十三世紀蒙古鐵木真與拔都西征以後，穆斯林帝國才真正建立一個橫跨歐亞非三洲的帝國，也造成波斯、蒙古、突厥以及阿拉伯等四大種族將近五百年交錯綿延的歷史。

巴格達迪還號召全世界的穆斯林人才，例如：商人、律師、工程師一起投奔到伊斯蘭國，準備建立新的哈里發王國，成為真主的應許之地。

6. IS與犯下911事件的「蓋達組織」是什麼關係？為什麼有密件要蓋達與它劃清界線？

蓋達組織與IS的蜜月期

蓋達組織（al-Qaida）在賓拉登當家之後，是蓋達的全盛時期，最大特色是它能串聯各地的恐怖組織建立起一個遍及全球的「恐怖王國」，與過去恐怖組織的單打獨鬥完全不同，自此恐怖組織的「全球化」與「扁平化」得以全面實現，而其關鍵就在網路。

剛開始，蓋達與IS有過一段蜜月期，那是蓋達還有影響力、而IS還沒培養出足夠實力的時候，兩者倒也相安無事，IS原本就是蓋達組織的伊拉克分支，但兩者的路線不同，蓋達的目標是由賓拉登指揮對西方世界的恐怖攻擊，而IS雖然也反西方，但主要目標是對付伊斯蘭國家，先占領伊拉克與敘利亞，再建立所謂的「哈里發王國」。

加上蓋達與IS都想爭奪伊斯蘭世界的話語權（就是誰有權利可以代表說話）與領導地位，暗中彼此較勁的結果，讓兩者的矛盾逐漸加深，最後分道揚鑣。

為了與IS互別苗頭，蓋達想將觸角延伸到印度

二〇一四年二月蓋達宣布與IS斷絕關係，接著IS在該年六月大有斬獲，並一度接近伊拉克首都巴格達，躍居伊斯蘭世界的領導地位，領導人巴格達迪進一步聲明，說要幫助印度的穆斯林。

為了與IS抗衡，蓋達新領導人札瓦希里（Ayman al-Zawahri）跟進加碼，希望搶在IS之前，先將勢力延伸到印度，他在二〇一四年九月宣布將在南亞次大陸成立新的分支，將聖戰的戰線延伸到印度、孟加拉乃至緬甸等國家，並在這個區域建立一個穆斯林國家，解放當地受壓迫的穆斯林人民。

證據來自「國際恐怖主義實體搜尋研究所」（SITE）曾在一個網路聖戰士論壇發現一段五十五分鐘的影片，由蓋達新領導人札瓦希里在影片中宣布，將在印度成立新的分支，並說印度阿薩姆邦、古吉拉特邦（印度總理莫迪的家鄉）、喀什米爾、孟加拉與緬甸等，是新分支發動聖戰與重建穆斯林國度的地區。

札瓦希里會對這個地區指東道西，是因為他抓準該地區的穆斯林對政府長期累積的不滿心理，因為一九四七年印度與巴基斯坦脫離英國殖民統治成為獨立國家後，為了怕遭到政府與印度教徒的迫害，數百萬穆斯林從印度逃往巴基斯坦，目前印度的穆斯林約占總人口的15%，算是少數族群，並與當地的印度教徒關係緊張，同樣的，緬甸的穆斯林也是少數，他們也不滿被多數的

佛教徒迫害，就因為有這些歷史因素才導致外來的穆斯林勢力有見縫插針的機會。

蓋達組織的沒落

蓋達的前領導人賓拉登於二〇一一年在巴基斯坦遭美國特種部隊擊斃後，蓋達原本在伊斯蘭世界的聖戰領導地位就逐漸走下坡，影響最大的就是組織的分裂，原本位於巴基斯坦與阿富汗邊界山區的蓋達總部，已經指揮不動敘利亞與伊拉克的IS、葉門的阿拉伯半島與東非索馬利亞的蓋達等分支，在二〇一四年二月蓋達與IS分手後，十一月蓋達的敘利亞分支團體──「努斯拉陣線」（Al-Nusra Front）的要員就單獨和IS秘密談判，雙方達成協議，同意停止互鬥，共同打擊美軍（但雙方並未同意合併）就是一個例子。

各地的分支開始不聽指揮，導致蓋達的總部必須三不五時發布動員令，一方面繼續指揮作戰，另一方面可以用來測試自己的領導實力與分支對蓋達的服從性，但往往事與願違，最後蓋達就慢慢成為一個區域性的恐怖組織，影響力不再。

後來IS以遜尼派與什葉派的教派衝突起家，打出名號，但與蓋達的行動方針不符，蓋達總部也認為IS並不是同路人，導致兩者漸行漸遠，IS就乾脆自立門戶，成立國家，選出哈里發，呼籲全世界從事聖戰的穆斯林向IS效忠，想回過頭來收編蓋達的意圖十分明顯，這看在蓋達眼裡，實在不是滋味。

賓拉登的密件導致蓋達與IS只能兄弟登山，各自努力

二〇一一年蓋達組織創辦人賓拉登在巴基斯坦遭美軍擊斃的藏身處，發現了一份長達二十一頁的檔案密件，內文警告，由於IS漠視平民百姓的生命，視人命如草芥，行事又過於激進，可能會損害蓋達的聲譽，蓋達應該與激進又殘暴的IS劃清界線，徹底斷絕關係。

該密件的內容還提到賓拉登的一名高階幹部在同年寫下一份記錄文件，上面列舉出IS犯下的暴行，包括炸毀清真寺、使用氯氣做為化學武器以及在巴格達一座天主教教堂展開屠殺等。

而IS在二〇〇四年卻是以伊拉克的蓋達組織分身開始行動，只能說這是兩人因了解而分開，往後也只能「兄弟登山、各自努力」了。

在中東與非洲地區還有哪些恐怖組織？

以全球的地緣政治而言，亞洲與非洲地區是恐怖組織窩藏的巢穴，只要有什麼恐怖攻擊事件發生，十之八九的源頭都在這些地方，主要是因為這些地方有以下兩個共同特點：

①出現權力真空，原來該地區的領導人消失了，變成群龍無首的局面，給了這些極端組織滋長與崛起的溫床，最經典的例子就是美國推翻前伊拉克總統海珊後，造成伊拉克的政局動盪不安，演變成為今天IS的根據地。

②政治與社會情況很糟糕，沒有法治與執法人員，百姓每天都提心弔膽地過日子，讓極端組

織可以在動亂環境下，一方面製造恐怖攻擊事件，另一方面肆無忌憚地招募走投無路的民眾，加入他們的陣營，壯大實力。

只要這些恐怖組織成為氣候，站穩腳跟，新的政治領導人或西方國家要連根剷除他們就變得非常困難。那麼在亞洲（含中東地區）與非洲還有哪些恐怖組織？請見下表：

地區	國家	恐怖組織與相關記錄
亞洲	伊拉克 敘利亞	組織名稱：IS 兩國多年來都在窮於應付持續不斷的暴力威脅，目前崛起的IS則是最大威脅。 IS起源於扎卡維（Abu Musab al-Zarqawi）在二〇〇〇年初期領導的伊拉克「蓋達組織」（AQI），以美國為首的攻擊行動曾讓這個組織奄奄一息，但沒有徹底消滅，後來又以伊斯蘭國之名崛起，成功在敘利亞與伊拉克攻下大片土地。 敘利亞原本並不是IS的發源地，卻成為IS重生的溫床，原因是敘利亞的內戰讓IS掌握時機，乘勢崛起，雖然敘利亞政府軍仍持續反擊，但IS已占領敘國北部的拉卡市做為他們的首府。

亞洲	阿富汗 巴基斯坦	**組織名稱：塔利班（Taliban）** 「塔利班」與其他恐怖組織最大的不同，是它在十九年前曾經統治過阿富汗，在美國因911事件推翻它以後，還是能存活到今天。 目前塔利班的勢力橫跨阿富汗與巴基斯坦兩國，由於和談沒有成效，目前阿富汗與巴基斯坦的政府軍仍與塔利班處於交戰的狀態；對於阿富汗與巴基斯坦的政府而言，塔利班是一個極端保守的暴力組織。
	葉門	**組織名稱：青年運動（Houthi）、蓋達組織** 二〇一五年三月屬於什葉派的叛亂團體「青年運動」進逼總統哈迪所在的亞丁，為求區域穩定及自保，以沙烏地阿拉伯為首的盟國宣布派出一百架戰機、十五萬大軍展開打擊青年運動的軍事行動。 但對全球其他地區而言，葉門境內的最大威脅是阿拉伯半島的蓋達組織，這是蓋達組織的分支中，最知名與最殘暴的分支機構。 （註：目前遜尼派仍占葉門總人口數的70%）
非洲	利比亞	**組織名稱：蓋達組織阿拉伯半島分支（Al-Qaeda in the Arabian Peninsula, AQAP）** 部落之間的武裝對立與衝突所導致的政治混亂，讓政府鬧雙包，也讓恐怖主義有乘虛而入的機會。 令人震驚的一例是，二〇一二年美國駐利比亞大使史蒂文斯（Christopher Stevens）與其他三名官員在駐班加西領事館遇襲身亡；據說，阿拉伯半島的蓋達組織參與了這起攻擊事件。

非洲	奈及利亞	**組織名稱：博科聖地（Boko Haram）** 屬於伊斯蘭基本教義派，二〇〇一成立，有兵員六千人，曾在奈及利亞發動多次暴力攻擊，也對鄰國喀麥隆、查德與尼日造成嚴重威脅。 博科聖地不僅追殺政府軍，也時常突擊村莊、用炸彈攻擊人潮擁擠的市場或策畫大規模的綁架案件，最知名的是在奇博克（Chibok）綁架二百多名女學生的案件。 二〇一五年三月由於與政府軍作戰失利，博科聖地主動輸誠，宣誓效忠IS，後來博科聖地學習IS，也將仇敵斬首的影片放在網路上。
	索馬利亞	**組織名稱：青年黨（Al-Shabaab）** 儘管國際合作對抗，但二〇〇〇年崛起的「青年黨」，仍對東非構成威脅，特別是索馬利亞。 由於政府治理無能，百姓一直處於飢餓與赤貧的狀態，導致窮途末路的人民投靠極端組織成為唯一出路。依據美國政府的資料，索馬利亞的GDP在二百二十八國中排名第二百二十六名，是倒數第三。

（資料來源：美國有線電視新聞網，二〇一五年二月十八日）

從以上資料，可得知這些恐怖組織的跨境作戰能力與串聯的影響力、號召力正在增強，所占領的土地也橫跨不同的國家，如果要消滅這些恐怖組織就需要不同國家的通力合作。

當前中東與非洲恐怖主義肆虐的背景，就是宗教極端主義的興起，這些極端組織都打著伊斯蘭旗號，其中，又有派別與意識型態的不同，IS屬激進的瓦哈比派，蓋達組織、索馬利亞青年黨與奈及利亞博科聖地組織，多屬薩拉菲派，這也是一個伊斯蘭教的極端主義教派，這一派的意識形態主要是「定叛」和「聖戰」，也就是將其他派別的穆斯林定義為「卡費爾」（悖信者），對近敵（本國政權）和遠敵（美國與以色列）都要發動聖戰，恢復哈里發國，因為不只要消滅美國等西方國家，也要同其他派別的穆斯林作戰。同時應付兩條戰線，對人員與補給的耗損極大。

據美國蘭德（Rand）公司的一份研究顯示，中東的政治劇變為薩拉菲派的崛起提供了機會，在二〇一〇～二〇一三年間，該派極端組織的數量就增加了58%。

7. IS為什麼要摧毀伊拉克的歷史古蹟？它會成為接管世界的中東「新納粹」嗎？

伊拉克的古歷史文物遭到破壞的原因

中東的伊拉克位於底格里斯河與幼發拉底河的河谷地區，古稱「美索不達米亞」，是人類四大古文明之一，由於歷史悠久，有眾多的古文明遺跡，也是近代世界主要的石油生產國，這讓虎視眈眈的西方列強始終眼紅，從歷史來看，伊拉克一直遭到列強的武力干涉，戰亂不斷，人民苦不堪言。二〇〇三年美國入侵，推翻海珊政權後，更讓伊拉克的動亂擴大，珍貴的歷史文物也連帶遭到浩劫。

伊拉克的古文明文物與遺跡會受到破壞，主要有三點原因：

①IS激進反對勢力的出現

戰爭會讓被侵略的一方出現激進反對勢力，這股激進勢力會進行破壞性的報復，以燒殺搶砸的暴力行為當成家常便飯，今天的伊斯蘭世界，這種破壞勢力有增無減，更形擴大。

美國聯軍入侵阿富汗後，二〇〇一年激進勢力的塔利班決定使用戰車大砲，摧毀佛教古蹟巴米揚大佛。二〇〇三年美國入侵伊拉克並占領後，戰亂的情勢使得最激進的IS崛起，累積了長期對美國與西方的怨恨，終於在這次乘勢坐大，除了斬首濫殺之外，也破壞伊拉克的古文明遺跡，不只不放過人，連寶物也不放過。

②美軍與當地暴民的搶劫

美國入侵伊拉克後，政局動亂，法治與社會秩序崩解，原本應是維護社會治安的美軍，居然也劫掠伊拉克國家博物館的文物，另外還有當地的暴民與民兵組織參與搶劫，導致許多珍貴文物流落海外。

③美國的轟炸

二〇〇三年美軍進攻伊拉克，展開地毯式轟炸，導致遍地的古蹟遺址遭到嚴重破壞。

IS毀壞古蹟的案例與理由

IS占領伊拉克北部地區後，就大肆破壞他們認為屬於異教或異端的當地古跡，其中也包括穆斯林聖地，並宣稱這些毫無意義的偶像必須清除，而IS摧毀人類文化遺產的這個舉動，其實就是在進行一種文化清洗與記憶的抹除。

IS破壞古蹟的罪行開始於二〇一四年七月，首先是古城摩蘇爾的古代陵寢遭到炸毀，九月又在提克里特（Tikrit）摧毀建於一千多年前的綠色大教堂與阿爾班清真寺。

二〇一五年二月一群留著鬍鬚的IS成員在伊拉克北部摩蘇爾市的尼尼微（Nineveh）博物館內，用大槌和電鑽摧毀館藏的大型雕像，此外，他們還到附近一處考古遺址進行破壞。這些毀壞古物的過程都被IS製作成一段五分鐘長的影片上傳到網路發布。

不久，二〇一五年三月IS又破壞伊拉克北部、有三千多年歷史的亞述古城尼姆魯德（Nimrud），四月初又以重型火藥炸毀該古城。

同年三月IS用重型機具摧毀超過具有二千年歷史、獲聯合國教科文組織列為世界遺產的伊北古城——哈特拉（Hatra），他們在動手剷平遺址前都會先載走珍貴器物（可能是要變賣或占為己有），再進行破壞。

聯合國教科文組織（UNESCO）發表譴責聲明，說IS毀滅哈特拉古城，不僅「藐視」阿拉伯人的歷史與文化遺產，也形同「文化清洗」，與「戰爭罪行」沒什麼兩樣。

也有人認為IS已經超出一個反抗組織應有的界線，例如：任意斬首與綁架人質、任意摧毀古代文物和古蹟遺址，這已不是一種反侵略（反抗美軍與伊拉克政府軍）的戰爭，這樣的做法有損IS行動的意義與正當性。

世人應提防IS成為中東的「新納粹」

安伯托．艾可（Umberto Eco）一九三二年出生於義大利，現任波隆那大學高等人文科學學院教授與院長，他不僅是全球最知名的符號語言學權威，也身兼哲學家、美學家、文學評論家與歷史學家等多種身分。

他的學術研究範圍極為廣泛，知識淵博，已發表過十餘本重要的學術著作，在國際知識界備受敬重，英國的《劍橋義大利文學史》將艾可譽為二十世紀後半期最耀眼的義大利作家。

自從法國巴黎的《查理周刊》總部發生十二人喪生的恐怖攻擊事件以後，艾可認為這起事件改變了戰爭模式，讓人類活在恐懼的陰影當中，他說：「這好像當我小的時候，生活在時時刻刻有炸彈來襲的威脅當中，這種恐怖主義正是我們戰時經歷的情況」。

他反對只是為了一本雜誌或書籍而大開殺戒的行為，他說：「就連針對魯西迪（Salman Rushdie）魔鬼詩篇的指令，也與一本小說有關；人們總是為了一本書展開大屠殺，例如《聖經》對《可蘭經》，《福音書》對《聖經》等等。」

經過長期對IS的觀察，看到它的暴行與毀壞文物的舉動，安伯托．艾可在二〇一五年一月接受《晚郵報》（*Corriere della Sera*）專訪時，發表對IS的評論，他認為IS就像以前德國的納粹黨，所宣揚的教條是另一種新形式的納粹主義，兩者都具有「接管世界的天啟欲望」。

他也說「穆斯林」一詞不應該與極端暴力分子畫上等號，他反對用「穆斯林」來定義所有恐怖分子，兩者應有所區隔。

8. IS的領導人是怎樣的人？他如何崛起，並讓追隨者效忠？

IS的領導人是巴格達迪，本名是阿瓦德．易卜拉辛．阿里．巴德里．薩瑪拉（Awwad Ibrahim Ali al-Badri al-Samarra），一九七一年出生於伊拉克巴格達北部的遜尼派村落——薩瑪拉（Samarra），出自默罕默德的「古萊什族」（Quraysh），是有資格做「哈里發」的人選。

巴格達迪受過良好教育，當年他聽從祖父的建議，進入法魯加（Fallujah）大學攻讀伊斯蘭法學；本身就是伊斯蘭的激進分子，二〇〇四～二〇〇九年間曾經是美軍的階下囚（另有一種說法是二〇〇四年二月被捕下獄，但在同年十二月被美國釋放），關押在伊拉克境內最大的美軍戰俘營—布卡營（Camp Bucca），根據美國的懸賞通報，上面載明巴格達迪是一個圓臉、棕眼黑髮的男子，臉頰兩側的鬍鬚剃得整齊，留黑色短髮。

二〇〇三年美國懷疑海珊私藏大規模毀滅武器，聯同盟國出兵攻打伊拉克，不久時年三十二歲的巴格達迪就加入伊拉克的反抗組織，後來與蓋達共同奮戰多年，終於在二〇一〇年成為伊拉克伊斯蘭國（ISI）的領導人，並進一步在二〇一四年成為IS的領袖。

巴格達迪非常謹慎，很少人見過本尊，據說即使他現身，也會戴著面具，不以真面目示人，就因為他來無影去無蹤，被美國稱為「鬼魅」（the Ghost）。

巴格達迪的崛起

說起巴格達迪的崛起，時間要拉回到二〇〇二年美軍入侵伊拉克的前一年，蓋達組織（al-Qaeda）由扎卡維在伊拉克成立分支，這個分支就是今天IS的前身。

扎卡維的伊拉克蓋達組織成立後，立即成為當地最主要的反美勢力，並以血腥、殘暴手段知名，二〇〇六年扎卡維在美軍空襲中身亡，讓伊拉克蓋達組織的勢力消沉了一陣子，後來巴格達迪在伊拉克前總統海珊的親信、空軍情報官艾克利法威（Samir Abd Mhuammad al-Khlifawi）與一群伊拉克前情報官員的推舉下，於二〇一〇年上台掌權，才重振組織勢力，並在二〇一三年敘利亞內戰爆發後，轉進敘利亞，在當地成立新的聖戰組織，加入對抗阿塞德政權的反抗軍陣營。（艾克利法威在協助巴格達迪掌權後，就一手掌管IS的軍事與情報業務，但於二〇一四年一月命喪敵手。）

不久，巴格達迪將位於敘利亞與伊拉克境內，他所直接掌控與合作的一些大小聖戰組織合併，於二〇一四年六月正式對外宣布成立伊斯蘭國，成為今天全球為之恐懼與憤怒的伊斯蘭極端聖戰組織。

靠著在黑市賣油賺進的大筆財富，加上在伊拉克與敘利亞招募到的聖戰士與奪取伊拉克第二大城摩蘇爾後拿到的武器與軍用設備，讓巴格達迪掌握了龐大資源，美國相信：只要能除掉他，對IS絕對是一個致命傷，據信美國已懸賞一千萬美元緝拿巴格達迪的項上人頭，他也知道自己是美國全力緝捕的第一優先高價值目標，因此出沒格外小心，美軍一直無法確實掌握其行蹤。

巴格達迪的領導統御術

巴格達迪從二〇一〇年擔任IS首腦以來，將原本是蓋達組織在伊拉克的一個分支改造成一個獨立的跨國軍武部隊，要帶領這樣一個準國家級的組織，巴格達迪有哪些領導統御的方法來維持組織的運作與士氣？以下是他所用的方法。

抓準時機、大膽行動，再用「規畫」概念調整兵力部署，擊敗敵人

二〇一四年六月依據IS內部成員透露，巴格達迪很有戰略頭腦，懂得抓準時機，利用敘利亞的混亂和美國撤軍後伊拉克政府權力真空與軟弱無能，乘機坐大，成為雄霸一方的共主。

除了能抓準時機、大膽行動，另一個重要的原因，是巴格達迪知道所有的事前「計畫」（plan）都是死的，只有「規畫」（planning）才是真的，規畫是一種能隨情勢的動態演變做出相對應調整的應變能力，而計畫卻是固定不變，毫無彈性可言。

一個好的領導者必須在戰場上能夠因應戰場的瞬息萬變，做出靈活彈性的機動調整與兵力部

署（駐伊拉克的資深記者派崔克．柯伯恩[Patrick Cockburn]也認為IS的軍事行動敏捷迅速），這時原本制定的計畫也就必須進行微調或修改，才能在最後關鍵時刻擊敗敵人，取得最終勝利。

建立願景，邏輯簡單，目標清楚明確

巴格達迪的邏輯清楚簡單，就是堅持要建立IS國家，不與蓋達走相同的老路，曾經有一位巴格達迪的部屬說：「簡單講，對巴格達迪來說，除了伊斯蘭教，每個宗教都有自己的國家，所以伊斯蘭教也應該要有個國家，必須強行建立，就是這麼簡單」。

這位部屬所說的話，就是一個組織或企業建立願景的「論述」，論述一定要用庶民語言讓百姓都能聽得懂，也都能懷抱一份希望，因此，巴格達迪給我們的啟示是國家或企業領導人必須畫出一個願景給民眾，並用民眾聽得懂的語言說給他們聽，還必須說到做到，否則民眾會認為你欺騙了他們，不再信任你，巴格達迪建立IS就是一種實現願景的承諾。

追殺叛徒，立信立威，即使得罪盟友也在所不惜

這牽涉到一段巴格達迪與蓋達的恩怨，當年他派出手下哥拉尼（Abu Mohammad al-Golani）到敘利亞，成立「努斯拉陣線」（Nusra Front），以擴大蓋達在當地的影響力，但後來哥拉尼拒絕回到巴格達迪的部隊，巴格達迪便對努斯拉陣線開戰，因而與蓋達領袖薩瓦里（Ayman al-

Zawahri）產生嫌隙。

後來巴格達迪不甩薩瓦里的命令，拒絕將敘利亞交給努斯拉陣線管理，反而在二〇一二～二〇一三年在敘利亞北部和東部擴大作戰範圍，他採取兩面手法，有時對付政府軍，但主要還是在驅趕其他不同陣線的反抗軍戰士。

二〇一三年底，努斯拉陣線雖然聯同其他伊斯蘭聖戰士對巴格達迪的軍隊加以反擊，但IS卻更加壯大，不但控制了拉卡市做為首府，還嚴格實施伊斯蘭律法，後來巴格達迪在代爾祖爾省（Deir al-Zor）對敵對的聖戰士發動六週攻擊，造成六百人喪生。

為了建立IS，他會無情地掃蕩敵人，也會毫不猶豫地剷除從前的盟友，可說巴格達迪對叛徒與敵對的聖戰士，絕對追殺到底不手軟，因為一個領導人如果連叛徒都輕輕放過，在戰場上講仁慈友愛，會讓軍隊的士兵傻眼，嚴重打擊士氣，以後如何帶兵呢？

運用公關手法，適時發布聲明，凝聚內部士氣

身為一個領導人，不能沒有自己的主見與想法，也不能只是一個無聲的隱形人，站在公關與行銷的立場，應該算準時機，精準出手，出面發布公開聲明，一方面讓對手畏懼，另一方面可以凝聚內部的士氣，如此，才能隨時有一支鬥志高昂、百折不撓的部隊可供作戰。

二〇一四年十一月美軍可能掌握到一些相關情報，對巴格達迪在伊拉克法魯加的藏身處發動

空襲，謠傳巴格達迪身受重傷或死亡。

但巴格達迪依然沒事，在IS經營的社群網站上，他以錄音留言的方式發表十七分鐘的談話，IS也證實這段談話是出自首腦巴格達迪，顯然想證明他安然無恙，破除任何有關巴格達迪死亡或受傷的謠言，也有向美國叫陣與示威的意味。

巴格達迪說美國領導的聯軍「恐懼、軟弱和無能」，這次空襲的軍事行動已經失敗，並在談話中，做出三點呼籲與結論：

①號召攻擊沙烏地阿拉伯的統治者，說他自行宣布成立的哈里發國已將勢力擴展到沙國與另外四個阿拉伯國家。

由於沙烏地阿拉伯是全球最大的石油出口國，已加入以美國為首的盟軍，並在敘利亞空襲IS，當然是IS的敵人，此番談話，也有挫一挫沙國銳氣的味道。

②他呼籲全球的聖戰士開始行動，引爆全球各地的「聖戰士火山」；站在歐美等西方世界的立場，最擔憂這種遍地開花式的恐怖攻擊。

③以美國為首的盟軍在敘利亞與伊拉克對抗IS的軍事行動終將失敗。

這是以「預言家」的高度先取得發言權，再定調美軍的軍事行動必將全盤皆輸。

最後，他說：「穆斯林啊！放心，你們的國度安好，處於最佳狀況。」

巴格達迪除了運用網路發表談話外，也下令將抓到的戰士與非戰鬥人員加以槍斃或斬首，並將這血腥的過程製作成影片放上網路，好讓對手感到懼怕，這也算是一種「恐懼行銷」的手法。

整體而言，巴格達迪的談話並不頻繁，只在重大時刻才會發表，上次發表談話，是IS宣布在伊拉克與敘利亞占領的土地上，建立所謂伊斯蘭的哈里發國。這一次則是為了破除謠言並鞏固領導中心而出面說話，這些談話的內容與時間點顯然都是經過思考才做出的決定。

二、IS的經營管理

1. IS也會發布企業年報？有哪些內容？

聽到IS也公開發布企業年報，想必大家都很吃驚，事實上，從二〇一二年起IS就經由網路公開發表年度報告，年報中的數據並不是財務上的收支損益，而是過去一年的恐怖攻擊成果，透過詳細的數據與地理資訊記錄組織一年來的軍事行動與成就，將攻擊行動依地區與攻擊方式加以分類，並以電腦繪圖軟體製作成「資訊圖表」（Information Graphics）來說明，包括暗殺、火箭炮等砲彈襲擊、自殺式攻擊、燒屋、狙擊手襲擊、設立路障關卡、占領的城市，甚至「投誠者」人數都有統計資料，就像企業年報般非常仔細，因此，與其說IS的年度報告像企業年報，還不如說是「殺戮事件記錄簿」來得恰當。

二〇一四年三月發表的二〇一三年年報，就厚達四百頁，封面是一名組織成員的照片，內容以阿拉伯文書寫，詳列IS在二〇一二年十二月至二〇一三年十一月的所有行動，並以文字搭配圖表的方式，說明IS過往一年的「戰績」，例如：二〇一三年該組織在伊拉克發動近一萬次的攻擊行動，包括殺害一千零八十三人（是二〇一二年殺害人數的二倍）、一千零四十七次暗殺行動（二〇一二年為十六次）、埋設四千個土製炸彈（是二〇一二年的六倍）、劫獄並釋放數百名遭囚禁的恐怖分子……等，還吸收數百位投誠者，這都反映出二〇一三年IS的攻擊行動較二〇一二年更加暴力與猛烈。

報告也以圖表顯示目前持有的武器種類與數量，內容的精細程度不輸給民間的大型企業。

除了在年報中說明IS的軍事硬實力外，也提到網路宣傳戰的軟實力策略，二〇一二年的年報就提到未來IS的每個地區分支都要設立Twitter帳戶，主要是用來發布軍事或網路攻擊的聲明，從而證明某個攻擊事件是他們所幹的。

有專家指出，從年報中可看出，IS是組織嚴密的軍事結構，具有清晰的政治策略，並不是一般的恐怖組織，如果忽視這點，就會低估IS的實力，難以將它擊敗；美國智庫戰爭研究所（Institute for the Study of War, ISW）研究部門主管潔西卡．路易斯（Jessica Lewis）指出，該報告透露了IS形同軍事化的運作方式，打破外界認為IS是群烏合之眾的迷思，除非推動一套周全的戰略，包括拉攏反IS的遜尼派群眾，否則它將成為中東一股永久的勢力；英國軍情六處（MI6）前官員也指出，IS有明確的組織、戰略與計畫，也有目標設定與殉道式的行動。

專家認為IS發布年報的目的是要向其他恐怖組織展示與炫耀自家的成果，而這個成果是經過詳細的調查與統計得出的結論，絕不是自我感覺良好，也希望經由年報的發布吸引更多的金主捐款與招攬志願者加入。

2. IS的戰略目標是什麼？有哪些戰略優勢？

IS的戰略目標

二〇一四年六月二十九日宣布建國後，IS概略界定其版圖起自敘利亞北部的阿勒坡省，向東延伸到伊拉克東北部的迪亞拉省，算是達成他們的初期目標，但接下來呢？IS有沒有設定一個「國家戰略目標」（National Strategic Target）的頂層設計？如果有的話，建立一個橫跨伊拉克與敘利亞的伊斯蘭國是一個終極目標？還是只是一個過渡階段？如果是一個過渡階段，那麼伊斯蘭國的下一步有什麼打算？他們的最後目標是什麼？

目前IS在伊拉克與敘利亞境內除了與當地政府軍作戰外，其實也在打擊與肅清同樣信仰伊斯蘭教、但非我陣線的其他反抗組織，這是建立一個政教合一、由單一宗教與政治領袖哈里發統治的伊斯蘭國的持續性行動，目的是鞏固伊斯蘭國思想與血統的純正性。

IS戰略目標的三種假設

等到建國的步驟與行動完成後，IS的後續行動有三種可能：

①第一種假設→伊斯蘭國

如果IS認為伊拉克與敘利亞領土對國家的生存空間已足夠，只要繼續建設與發展目前的伊斯蘭國即可，不需再對外擴張，但從他們發布的建國聲明可發現完全不是這麼一回事，也就是第一種假設不存在，因為聲明中說伊斯蘭國的版圖最終將擴及整個伊斯蘭世界，也就是進入下面的第二種假設。

②第二種假設→大伊斯蘭帝國

在第一章提到，巴格達迪所發表的建國宣言中，說到要建立一個以地中海為內海、橫跨歐亞非的大伊斯蘭帝國，版圖涵蓋整個中東、北非、西亞、西班牙以及巴爾幹半島、東歐邊境、中亞、印度次大陸與中國的新疆地區，恢復中古世紀伊斯蘭世界的榮光，不受美英強權的操弄；伊斯蘭國的官方聲明也說要在建國年起的五年內控制北非、中東、亞洲大部分地區、巴爾幹半島與西班牙等地。

如果成真，這將是人類歷史上所建立的第七個橫跨歐亞非的大帝國（前六個帝國依序是波斯帝國、亞歷山大帝國、羅馬帝國、東羅馬帝國（拜占庭帝國）、阿拉伯帝國與鄂圖曼土耳其帝國）。

③第三種假設→征服全世界

這是說IS橫跨歐亞非的大伊斯蘭帝國站穩腳步後，出於野心或理念，準備進行下一步的擴張行動，目標是瞄準全世界，這個假設的線索來自IS支持者的說法（見前面的第一章第一節），如果是這樣，就表示IS的野心更大，這會引起世人的憤慨與討伐，戰火可能會擴大成為世界大戰。

如果IS建立橫跨歐亞非的大伊斯蘭帝國只是一個單純的想法或口號，並不足以讓帝國的夢想實現，要成立一個根基深厚的國家，少不了要有一群政治家、思想家、戰略家或是智庫等專業人士，去強化、深化帝國的論述，形成思想縱深與一套理論體系，以取得建立帝國的正當性與話語權，這是建設國家必要的思想建設，否則一切就只是空談，不能只是一句：「老子不爽，就是要建國」這樣一語帶過。

如果IS沒有打算這樣做，那我們就會看到IS在未來發展的局限性，因為一個只憑武力解決問題的政治實體是無法維持長遠格局的。

麥金德的「心臟地帶」理論

英國人哈爾福德．麥金德（Halford Mackinder），在二十世紀初提出「心臟地帶」（heartland）的三階段理論，心臟地帶就位在東歐及西亞地區，而歐洲與亞洲大陸則是一個「世界島」（World Island），麥金德的陸權理論是說誰能統治東歐，誰就能號令心臟地帶，而誰能掌控心臟地帶，誰就能號令世界島，只要控制世界島，就能統治全世界，麥金德的主張就是後來的傳統「地緣政治學」（geopolitics）理論，後人推崇他為「現代地緣政治學之父」；大家想想，伊斯蘭國所控制的領土——伊拉克與敘利亞剛好就位在亞洲西部，也就是西亞，對照麥金德的理論，似乎還頗耐人尋味。（與麥金德理論相對的是提倡海權與戰艦巨砲主義的美國人馬漢[Alfred Mahan]，這是二十世紀初期陸權〔大陸〕與海權〔海洋〕兩派不同看法的爭論。）

IS具有的戰略優勢

IS具有三大戰略優勢：去中央化的指揮架構、混合傳統戰爭與恐怖主義的靈活戰術，以及持續處於巔峰的軍隊士氣。

首先，IS不像一般軍隊組織設有中央級的指揮系統，而是採用分散式、由上而下，而且更偏向游擊戰術的指揮架構，通常高層只會下達一個大方向的作戰目標，再交給各武裝小組自行決定戰術，這提升了部隊的彈性、機動性與快速發動小規模軍事攻擊的能力，也連帶增強他們在城市進行巷戰的實力。

同時會運用手機、社交網路或自家電台策畫攻擊，下達攻擊指令，只要決定好特定的時間與集結地點，再花數小時進行協調，分配任務，就可以協力發動攻擊，速度之快常令敵軍防不勝防；此外，也會有效運用從伊拉克政府軍繳獲的美軍重型武器，例如：大口徑火炮，來增強武裝小組的火力。

在士氣方面，IS的聖戰士一直都能保持高昂的鬥志與士氣，原因在於他們深信自己的殺戮行為是彰顯伊斯蘭的教義，合於正當性，更以殉教為榮，因此，士氣都能長期維持在顛峰狀態；而在打擊敵方士氣方面有兩個做法，他們會先暗殺敵軍指揮官來削弱敵軍士氣，再一步步擊退政府軍的攻勢，取得最後勝利；另一種做法是利用恐怖主義當作武器，在每次發動攻擊前，先透過網路散布如斬首影片等恐怖資訊，讓對方的軍民產生恐懼心理，在士氣彼消我長的情況下，戰局往往有利於IS打勝仗，而每次的軍事勝利又能回過來維繫組織成員對伊斯蘭國與領導人的向心力，可說是一體兩面。

3. IS是否有特別的組織架構，讓它可以支撐到今天？

外人對IS的組織架構與編制所知不多，法國國際戰略顧問塞謬爾．羅洪（Samuel Laurent）訪談IS前核心成員所獲得的第一手資料顯示，IS類似黑道與軍隊的綜合體，本質上還是一個獨裁政權，他們的統御方法採取棒子與胡蘿蔔齊下的策略，恩威並施，並明確規定各級部門的職權範圍，以嚴格紀律約束下屬。

地方政府

在行政機關上，領導人巴格達迪採取去中央化的體制，安排伊拉克與敘利亞兩地各有一個總理與地方政府，而不是設立一個由單一總理執掌的中央政府，這是因為兩地的政治、民情與社會情勢不同，無法用相同的方式來治理。

巴格達迪可能會定期與兩位總理會面，商討策略，再由兩位總理交由各省的「瓦里」（wali）執行，瓦里類似省長的角色，但他們是歸中央部會的公共行政部管轄。

瓦里的職權相當有限，他要負責設立一個全權由他支配的「舒拉」（choura），也就是管理道路工程與垃圾處理的委員會，這是屬於市政範圍的工作，有點類似台北市工務局與環保局的角色與功能。

中央部會

除了兩個地方政府外，還有一個掌管全國的中央部會組織，下面有七個主要部會：軍事部（又稱作戰部）、軍務部、情報部（又稱安全部）、財政部、公共行政部、司法部與宣傳部，另外還有兩個預算較少的部會：教育部與衛生部。

部會的首長稱為「頭目」，他們可以向領導人提出建議或要求，但這些中央部會的編制並沒有很龐大，人員數量非常精簡，原因在於他們只是一群協助決策者執行工作的團隊，包括副官、資訊人員、會計人員與司機等，就已足夠執行交付的工作，例如：位在敘利亞的拉卡、掌管作戰的軍事部，只配置了三十名工作人員，實在難以想像。

伊斯蘭國一年的運作經費約5億美元，每個部會預算以三個月為一期，一年編列四期預算；巴格達迪控制每個部會的方法是閱覽與批示每個月各部會上呈的詳盡報告，讓巴格達迪可以掌握所有部會的動態與計畫，進而擬訂伊斯蘭國的大政方針。

這些主要部會的職掌如下：

軍事部（作戰部）

這是最接近IS原始樣貌的部會，專門負責打仗，下面有分工嚴明的不同軍種，包括步兵、狙擊兵、砲兵、裝甲兵、特種部隊、偵察部隊、邊防部隊等，另外還有一些軍火工廠，從資料上看，截至二〇一四年十月為止，IS擁有約五萬人的兵力，

情報部（安全部）

又稱為「阿姆尼」（Amni）的情報部門，是伊斯蘭國的核心，由最高領導人巴格達迪直接指揮，下面有「網路小組」與「自殺攻擊小組」，網路小組總部設於拉卡，專門進行網路駭客攻擊或潛入敵方電腦竊取機密資料，光年度預算就有5千～8千萬美元，可見該小組在IS的重要地位；而自殺攻擊小組就是策畫與招募自殺炸彈客進行恐怖攻擊的單位。

另外，在每次作戰開始前，情報部會先派出情報人員滲透到對方的地盤，蒐集當地重要人士的名單，再伺機進行策反或暗殺，製造對方內部的混亂，接下來的軍事進攻就可事半功倍。

情報部還有另一個任務，就是在伊斯蘭國進行反情報工作，有時候會放長線釣大魚，先設下陷阱，再抓出社會上不滿的異議人士。

軍務部

負責軍事部的後勤補給作業，掌管軍火生產與軍備管理，並負責軍需物資的調度與運送，簡單說，就是要將源源不絕的武器與相關支援物資交到在戰場上作戰的IS士兵手中。

司法部

司法部下的各城鎮法院由各級法官與伊斯蘭警察組成，任務在維持社會秩序與打壓反對言論，確保IS的統治權威不受質疑與挑戰；另有負責社會秩序的街頭執法官，如果當街巡邏，遇到違反伊斯蘭律法的民眾，可以當場進行人身懲罰，例如：鞭刑，順便也殺雞儆猴，警告在場的圍觀民眾。

財政部

負責收納各種收入款項，再上繳伊斯蘭國的國庫，由中央統籌分配。

公共行政部

管理各省的「瓦里」，各地區的整修與維護工程也是由該部門負責。

宣傳部

主要是經營自家的媒體與網路的宣傳工作，目的在招募新血或對敵方進行心理戰。

編制與預算最多的部會

從編制人員數來看，擁有網路小組與資訊人員的情報部人數最多，光是敘利亞的情報部工作人員就超過一百位，此外，宣傳部的人數也不少，在IS的中央部會中，這兩個部會編制的員額最多（軍事部的兵員雖然龐大，但不屬於編制內的中央部會員額）。

如以預算而言，軍事部因具有戰爭機器的功能，又有眾多的戰士與武器，因此，預算最多，年度預算約3～4億美元，可說是IS的天下第一部會。

4. IS在占領區如何統治人民？有哪些嚴酷的刑罰？

IS以社會福利政策與伊斯蘭的嚴刑峻法統治人民

IS每占領一塊土地就實施軟硬兼施的統治策略，除了剷除原有的領導階層外，並沒有摧毀當地政府原有的公務系統，也沒有切斷居民日常用品的供應，而是利用現有的社會結構進行統治，以各種福利、社會服務與公共建設籠絡民心，例如：二〇一四年六月IS占領伊拉克北部大城摩蘇爾與法魯加後，就成立臨時管理機構，命令以前所有在政府任職的工作人員照常上班，一般居民的食物與日常生活用品基本上都能供應無缺。

IS為了贏得民心，也開始在首都拉卡市鋪設新電纜及修路，又設立「消費者保護機構」監管商店，禁止商店販賣劣質商品；同時也積極提供社會福利，例如：為窮人提供食物、為孤兒找寄養家庭，也為孩童提供小兒麻痺症的疫苗注射，這些社會服務都為IS贏得當地居民的肯定。

另一方面，IS在占領區實施嚴苛的「伊斯蘭律法」（sharia law），也就是遜尼派的「沙里亞」（al-Shari'ah，阿拉伯語中為〈道路〉的意思）法，這套律法肉眼看不到、但卻無所不在，由IS成熟的官僚組織在控制區設立伊斯蘭法庭與警察嚴格管理；在IS高壓統治下的拉卡省人民，男女合組的風紀檢查小組定期在首府拉卡市街頭巡邏，市區一片風聲鶴唳，連表達言論也成了犯罪行為，群眾不能反對或討論決策，不然就會被控違反真主律法，並被逮捕。

另外，在摩蘇爾市所在的省分尼尼微，IS的「尼尼微省傳媒辦公室」發布「城市規章」，宣布執行伊斯蘭律法，規章內容共有十六條，除了禁菸禁酒，偷竊及搶奪將被判身體截肢的刑罰，又規定女性如非必要不應外出，如要外出應穿著整齊的伊斯蘭服。

IS伊斯蘭律法的嚴酷刑罰

以下列舉IS曾經實施過的刑罰案例，這些刑罰不僅嚴酷，超出一般人的理解範圍，有些還會讓人感到格外恐怖。IS統治下的伊斯蘭社會不能用常理來理解，這些案例都是反抗IS的地下組織流傳出來，或是被IS拍成影片公布在網路上，影片中的時間是上傳網路的日期，相關案例有：

罪狀——穿緊身褲、抽菸、手機中有存放音樂，刑罰——坐牢

二〇一五年四月IS在敘利亞北部的拉卡省頒布新的禁令，規定男性如果在公共場所穿緊身褲、抽菸或被發現手機有存放音樂，都要吃上牢飯，至少關十天，服完刑期後，還要通過獄方為監獄受刑人設計的伊斯蘭課程才能出獄。

如果是女性敢在戶外穿緊身褲或抽菸，那可能會丟了小命，因為IS規定，女性外出一律只能穿露出眼睛的黑色長罩袍，女性明知故犯的下場是罪加好幾等。

罪狀——喝酒，刑罰——鞭刑

伊斯蘭社會禁止喝酒，這是違法行為，二〇一五年三月七日IS指控一名男子喝酒，應處罰鞭刑，當時男子就公開站在圍觀群眾前，由IS士兵執行鞭刑，鞭打之處皮開肉綻，結束後，男子還給該士兵一個愛的抱抱，做為原諒的象徵。

罪狀——小偷，刑罰——砍手掌

二〇一五年三月六日，IS在伊拉克大城摩蘇爾抓到一名據說是小偷的男子，並如同往常一般，當街公開行刑，現場有包括兒童在內的百人圍觀。

行刑前，聖戰士先在車內做了兩個動作，首先替小偷注射麻醉藥，以減輕砍手後的疼痛感，接著再用繃帶將該男子的手緊緊纏住，減少血液流動，避免行刑時男子因失血過多而死亡。

接著，當街砍斷男子偷竊的手掌做為懲罰，當手掌被砍斷後，立刻有人上前幫他包紮，接著在手臂注射更多麻醉藥物，然後再將小偷帶上車離開。

另外也有一名在拉卡市商店偷竊被抓的小偷，但刑罰不是砍手掌，而是被黑布蒙上雙眼，然後當街釘上一個大型的木製十字架，鮮血直流，十分恐怖。

罪狀——間諜，刑罰——開槍轟頭

二〇一五年三月七日，IS士兵在敘利亞將兩名被指控為間諜的男子雙手反綁跪地，然後開槍轟頭，兩名男子當場死亡，在IS當外國間諜的下場就是唯一死刑。這種執行間諜死刑的案例在IS占領區內常常看到，只是這些所謂的間諜到底是真的、還是只是IS挾怨報復，就不得而知。

罪狀——同性戀，刑罰——自由落體+石刑（二階段）

無論是《可蘭經》或是《聖訓》，都一致譴責同性戀的同志關係，屬罪大惡極，行刑過程野蠻血腥，不像民主國家在執行犯人死刑時是以槍斃或注射毒針的方式讓犯人斃命。

二〇一五年二月二十八日，一名被指控為同性戀的男子在經國家法庭審判後，被送往IS首府拉卡市一棟大樓的樓頂，先蒙上眼罩，再被推下去，以自由落體方式接觸地面，再由樓下守候多時的大批群眾一擁而上，以石頭「砸死」犯人。其實，犯人很有可能早已在觸地時斷氣，實在沒有必要勞師動眾再加工死亡一次。

罪狀——通姦（女性），刑罰——石刑

二〇一四年七月十八日，一名伊斯蘭婦女被指控通姦，教士在拉卡市一個廣場宣讀判決後，一輛卡車隨即抵達現場，卸下成堆石塊，這時，聖戰士帶著這名從頭到腳包覆黑衣的女性進入廣場，將她的下半身埋在地下，只露出頭部與上半身。

後來這些聖戰士要求聚集在現場的民眾動手執行石刑，也就是用石塊將這名被控通姦的女性砸死，但圍觀的群眾沒人敢上前動手，因此這些IS成員只好自己親自動手執行石刑。

罪狀——公共場所沒戴面紗（女性），刑罰——潑酸毀容

IS規定婦女在公共場所必須穿上黑色罩袍，除了露出雙眼，其他部位都要遮住。二〇一五年二月二十四日，IS在摩蘇爾的警務單位巡查時，發現有十五名婦女沒有依照標準配戴面紗，這些婦女隨後被關押，並被潑硫酸行刑，導致嚴重毀容。這次行刑應是IS用來殺雞儆猴，執行刑罰的理由是為了限制並保護婦女不會變得放蕩。

事實上，潑硫酸的懲罰在伊斯蘭教的國家非常普遍，伊斯蘭教評論家指出，《可蘭經》教導男性處罰他們覺得不順從的女性，在巴基斯坦等地常可看到許多女性因為不遵守伊斯蘭教教條而被潑硫酸毀容的案例。

5. IS有發行自己的貨幣嗎？有哪些面額？會產生什麼問題？

貨幣是構成一國金融與交易系統的重要工具，也是國家的構成要素之一，因此，我們可以理解為什麼IS在建國後不到半年，就宣布要推出自己的新貨幣系統，這是更進一步邁向真正國家的具體做法。

IS發行自有貨幣的原因

IS的資金籌措方式與蓋達組織不同，蓋達組織的資金主要來自外部，而IS的資金主要通過自籌，藉收稅、勒索、綁架、盜賣文物與販賣原油等方式獲利，號稱史上最有錢的恐怖組織。二〇一四年十一月，以色列版的《富比世》（*Forbes*）雜誌公布全球最富有恐怖組織排行榜，「伊斯蘭國」高踞第一，因此，IS擁有鑄造與發行自己貨幣的本錢。

另一個要發行貨幣的原因，是要反制伊斯蘭世界中美元廣泛流通的荒謬與不合理現象，IS聲稱鑄幣是要推翻「強加於穆斯林的專制貨幣體制」，反制強勢美元的局面，將穆斯林從牟取暴利、邪惡的經濟壓迫中解放出來。

IS 發行的貨幣組合

依據二〇一四年十一月的資料，IS打算鑄造的貨幣由二種金幣、三種銀幣與二種銅幣，共七種貨幣組成。

其中，幣值最高的是5 Dinar的硬幣，將含有二一．二五克（Gram）的21 K黃金，價值約694美元，幣值最低的是10 flous的硬幣，將含有十克的銅，價值約7分美元，而計畫中的各Dirham銀幣，以當時銀價換算，價值將在4角5分~4元5角美元之間。

貨幣的一面將刻上「伊斯蘭國」和「哈里發將先知（穆罕默德）奉為典範」等字樣，另一面則刻有各種伊斯蘭符號。

新的貨幣計畫在伊拉克與敘利亞的IS占領區內使用，這是IS實際可控制的領土範圍，另外，IS也會公布新貨幣與外國之間的匯率換算。

IS 發行自有貨幣面臨的問題

IS想發行貨幣、建立自己的金融體系，會遇到以下的四點問題，這些問題如果無法解決，就會讓IS發行自有貨幣的計畫以失敗告終。

①金庫的設立

這是IS想發行貨幣遇到的第一個最直接的問題，就是金庫到底要設在哪裡？IS的金庫不能設在戰火不斷的伊拉克與敘利亞占領區，一定要找一個境外值得信賴、政治與社會秩序穩定、又是金融重鎮的中東國家，例如：卡達或科威特，問題是這座金庫難道不會受到美國等西方國家的抵制、攻擊與破壞嗎？

②美軍的轟炸

以美軍為首的空襲行動也要列入考慮，這種會鬧出人命的空襲與轟炸一定會讓民間的金融活動無法活絡，進而限縮IS維持貨幣體系的運作能力。另外，中東某些討厭IS的國家也會盡力阻擋它的資金來源。

③新貨幣的幣值容易受到全球貴金屬市場的影響

儘管IS力求與國際經濟保持距離，想有點黏又不想太黏，但這在現實上完全不可能，因為IS這些新貨幣的計價支撐，可能讓它的經濟比大多數經濟體都要更取決於全球市場的波動，尤其是貴金屬與商品價格的波動，也就是說IS所製造貨幣的價值將完全由黃金、白銀與銅等金屬的實際價值來決定，而問題是IS要如何蒐集到那麼多的黃金與銅等貴金屬？除了透過偷竊、戰爭掠奪或沒收更多人民的財產，在無計可施的情況下，最後IS將消耗掉手上持有的黃金，無以為繼。

④IS占領區的經濟問題與投機牟利的風氣

目前IS占領區內的經濟活動還不夠大，還無法支撐新貨幣的發行系統，因為活絡的貨幣需要活絡的經濟來支撐，否則一切都是空談。

還有就是如何讓IS占領區的人民可以接受這套貨幣系統，並持續使用，也是個問題；另外，民眾也會逐漸養成投機轉賣的風氣，就是抽取出硬幣價值較高的貴金屬成分再轉賣牟利，或乾脆囤積貨幣。

結果就是，IS將耗盡用於融通經濟活動的持有黃金，最後不得已降低硬幣的金屬含量，導致貨幣變得沒有價值，人民不再信任與使用這套貨幣，然後就是整個貨幣體系的崩盤。

以上四點問題以第③與第④點最為嚴重，也就是IS的新貨幣會受到國際貴金屬價格的市場波動與人性貪婪投機的本性所拖垮。看來IS想發行新貨幣的前景並不像他們所宣稱的那樣樂觀。

6. IS的錢從哪裡來？他們如何賺錢來支應龐大的開銷？

IS的GDP排名、年收入與這麼有錢的原因

IS的GDP排名與年收入

如果將IS當成一個國家，放進二〇一三年世界銀行（World Bank）公布的一百九十一個國家GDP排名，IS排名第一百六十五名，勝過賴比瑞亞、索羅門群島等二十六國。

另外，二〇一四年十一月的美國《富比士》雜誌指出，IS靠出售石油、勒索、稅收與走私等方式，每天有3百萬美元的進帳，每年的歲入高達20億美元，主要來自捐款與油田的收入，被形容為「最有錢的恐怖組織」；此外，二〇一五年一月英國《經濟學人》（*The Economist*）雜誌也說，除了少數國家資助的恐怖組織外，IS是全球財務狀況最佳的恐怖組織之一。

IS有錢的原因

有兩個原因造就IS成為最有錢的恐怖組織之一，首先是天上掉下來的禮物——美元現鈔，除了二〇一三年占領敘利亞北部城市拉卡時，拿到2億美元現鈔外，接著在二〇一四年占領伊拉

克第二大城摩蘇爾時，洗劫當地的中央銀行，又獲得4億2千9百萬美元的現鈔，這是IS最大的一筆橫財，總計免費取得6億2千9百萬美元。

第二個原因是IS的自籌財源，以一種自給自足的經濟模式養活自己。依據美國智庫蘭德（Rand）公司解密的美國五角大廈（國防部）文件中，發現IS在巴格達迪成為領導人之前，組織內部已建立一種特殊的經濟模式，中間過程經歷兩階段的轉變。

第一階段的經費主要來自中東、歐洲等地區的支持者捐款（國外捐款），其中，來自波斯灣國家的捐款最多，尤其是來自沙烏地阿拉伯、卡達、科威特與阿拉伯聯合大公國等阿拉伯國家的富豪金主捐款占多數，而這些屬於遜尼派的波斯灣國家願意資助IS的理由，顯然是希望IS去對抗屬於什葉派分支——阿拉維教派的阿塞德政權；其他的經濟來源還包括綁架人質換取贖金（二○一三年IS獲得的人質贖金至少達2千萬美元）或向外非法掠奪資源的收入。

後來的第二階段開始轉型，依靠組織勢力範圍內的石油經濟為生。採取從開採油田、走私油品到開加油站的源頭到消費端的獨占經營模式，另外也有向民間徵稅的措施或是向相關企業收取保護費的經營方式，在這一階段，石油收入是IS的主要營收來源。

有美國官員形容，IS好比是擁有油田的阿富汗塔利班組織，沒有這樣的財富，IS不可能會擴張得如此快速，也不可能有錢購買武器或在占領區內服務人民，例如：協助窮人與寡婦、支付學校教師的薪資等。IS每個月還可以支付每位戰士約4百美元，這比伊拉克政府軍或敘利亞反抗軍的薪資都要好。

聯合國企圖切斷IS財源

二〇一四年七月聯合國安全理事會支持俄羅斯的提議，禁止各國向IS購買石油，俄羅斯這麼做的理由，當然是因為支持敘利亞阿塞德總統的緣故，因敘利亞對俄羅斯有戰略上的重要地位。

後來由安理會十五個理事國發布聯合聲明警告，跟IS購買石油的會員國，恐將遭聯合國制裁，只是這樣的聲明跟一張廢紙差不多，象徵意義大於實質意義，因為IS是用走私石油的方式，並以較現貨市場低的價格來和外界交易，這種檯面下的油品走私方式根本防不勝防，無法禁絕，更別說要切斷IS的資金來源了，再者IS沒有國際金融體系一體化的問題，因此他們不怕經濟制裁、反洗錢法與金融管制等國際執法與約束。

IS的主要資金來源

目前以美國為首的西方國家仍未能完全有效封鎖IS的金流，以下就IS的油品收入、稅收與綁架人質獲取的贖金等主要資金來源進行解說。

油品收入

IS在二〇一四年初占領敘利亞北部領土後的單日煉油量，相較於敘利亞政府單日最高三十萬桶的成績，雖然僅及$\frac{1}{3}$，但仍創造可觀的收益；另外依據二〇一四年十月的資料顯示，IS控制伊拉克北部的七個油田與兩座煉油廠，油田產量每天約八萬桶，另外控制了敘利亞東部十個油田中的六個，而IS銷售油品的價格落在每桶25～50美元之間，相較之下，當時布蘭特原油每桶約102美元，是IS的二～四倍價格。IS的低價與賤賣策略使國際原油市場價格顯得毫無競爭力，這些數據資料都可以解釋為什麼IS能源源不絕地保有原油方面的收入。

而IS每天販售原油的收入估計為2百萬美元，採取以現金交易或以物易物的方式，這些原油會用卡車走私進入伊拉克、敘利亞、土耳其與約旦的庫德族區域進行交易，最後連敵對的敘利亞阿塞德政府也成為IS的客戶之一，實在讓人不可思議。

IS只要攻占伊拉克的白吉（Baiji）煉油廠，不僅能提升本身的煉油能力，賺取更多資金，也將重創伊拉克政府的實力與聲望。

只是IS占領的油田後來發生連串意外，受過訓練的工程師不見得支持IS的意識型態，人才日益流失，導致油田收益大幅下滑，只剩原來的$\frac{1}{3}$，而IS本身也沒有管理油田的專業人才，為了維持這些油田的運作與收入，曾在二〇一四年十一月透過黑市仲介徵求油田管理者，以解決迫在眉睫的油田開採問題。他們的招募廣告是這樣寫的：「徵才——經驗豐富的油廠經理，年薪約22萬7千美元，意者請洽伊斯蘭國」。

稅收

IS一直在努力建立或維持占領區的社會網路，以創造持久的資金管道與地方財務的流動性，做為稅收的基礎，稅收包括對占領區人民徵稅的稅收、收取當地商家企業的保護費（extortion）與民眾路過邊界檢查哨的過路費。

徵稅方面，以拉卡市為例，IS自二〇一四年五月起開始徵收當地人民收入10％的濟貧稅（zakat），對於基督教徒也有另外加稅。

保護費方面，在二〇一四年六月還沒正式占領伊拉克大城摩蘇爾之前，就已經從當地商家與企業取得每個月8百萬美元的保護費收益。

另外，由於IS掌握伊拉克與敘利亞邊界的重要檢查哨哨口，民眾如要通過就要繳交一筆過路費，而IS光是在伊拉克就掌控近三十個哨口。

IS能夠收到這些稅收正顯示他們具有嚴密高效的官僚階層組織、明確的會計帳目與多重問責命令的管道，已經不能以一般恐怖組織的眼光看待。

綁架人質，勒索贖金

二〇一四年六月依據一名西方跨國犯罪官員表示，IS利用綁架與威脅等犯罪手段，已經成功取得數億美元的現金，英國倫敦的軍事智庫RUSI也表示，IS經由綁架人質所獲得的贖金成為二〇一三年主要的收入來源之一。

而綁架人質的贖金價碼因國籍而有很大差別，一般來說，美國人質最值錢，價碼最高，至少3百萬美元起跳，而有些人質可低到只要千元美金就可換回自由身，透過下面兩個不同案例可略知一二：

二〇一三年一名二十六歲的美國女性，在敘利亞從事人道救援工作時遭IS綁架，二〇一四年八月，IS宣稱手上握有這名美國人質，要求美國付6百60萬美元贖金才會放人。

大家想想，有誰付得起將近2億台幣的現金，除非你是有錢人，不然就只好靠政府幫忙付錢，也就是花美國納稅人的錢來交換人質，但是美國政府對恐怖組織的政策很清楚，就是三不政策——不談判、不接觸與不妥協，因此，美國政府不會與恐怖分子談判人質的贖金問題，最後這些美國人質的遭遇也就可想而知。

另外一件是IS對人質從輕發落的案例，二〇一五年三月，IS釋放在敘利亞所擄獲的十九名亞述基督徒，這批人質先經過伊斯蘭教法的法院審訊後，每人再付出一筆約1千7百美元、相當於變相贖金的「人頭稅」（jizya）後，就獲得釋放。

另一個恐怖組織蓋達與其分支的主要收入來源，就是綁架歐洲人以換取贖金。據估計，從二○○九～二○一三年的五年間，蓋達光靠人質贖金就賺進至少1億2千5百萬美元，算是一筆相當龐大的收入。

除了以上這些主要的生財之道外，IS也將腦筋動到五星級飯店的經營上。二○一五年五月初，IS將伊拉克北部大城摩蘇爾的五星級尼納瓦國際飯店（Ninawa International Hotel）重新裝修、外觀漆成淡黃色後，隆重開幕，還升起IS的黑色國旗。

該飯店曾被旅遊評鑑網站TripAdvisor推薦為伊拉克最佳飯店，擁有底格里斯河的美景，共有二百六十二個房間，主要是用來招待IS的高階將領，或是當做IS戰士與「聖戰新娘」結婚的場地。

比較有意思的是，飯店櫃檯設有英文標示，指示結帳櫃檯或服務台的位置，這對一向極力抗拒西方文化的IS而言，很不尋常，現在哪有西方人會不怕死的跑去住這家飯店，然後過沒幾天，被IS的劊子手在網路影片上斬首，所以，這些英文標示只是一個宣傳的樣板而已，沒什麼意義。

其實，這家五星級飯店的開幕，是IS對美國等西方國家的心理戰，告訴西方一個訊息：「我們活得很好，士氣也很高昂，不是你們的空襲可以打倒的」，不過，既然這家飯店說是要招待IS的高階將領，以美國為首的盟軍怎麼會放過這個大好機會，極有可能出動無人機空襲並摧毀它。

7. IS占領伊拉克北部後，會影響國際油價嗎？

伊拉克在國際石油市場的重要地位

二〇一四年十一月國際能源總署（IEA）發表的全球能源展望報告中指出，預估未來二十五年全球石油需求量的增加主要將由中東地區供應，其中，伊拉克將負擔一半，估計伊拉克的石油產量在二〇二五年前將達到每日二百六十萬桶，二〇四〇年前將增至每日五百萬桶，增幅達92.3％，顯示伊拉克一國在全球石油市場的戰略性地位。

相對來說，要達到這樣的產量，就要有相對應的資本支出，估計伊拉克石油產業每年必須投資約1百50億美元，才能達到上面所提到的產量規模，根據英國石油（BP）的「二〇一四年世界能源統計年鑑」（*BP Statistical Review of World Energy 2014*）顯示，伊拉克的石油蘊藏量高達一千五百億桶，僅次於沙烏地阿拉伯與伊朗，是全球第三大石油儲量國，也是石油輸出國家組織（OPEC）的第二大產油國。

IS崛起並沒有影響伊拉克的石油生產量

IS崛起後，在伊拉克攻城掠地，占有大片伊拉克北方的領土，還好伊拉克的六大主要油田位於情勢相對平靜的南部地區，例如：擁有原油產區與油管集中地的南部大城巴斯拉（Basra），該地區的什葉派穆斯林占絕大多數，與IS控制下的北方遜尼派占多數的地區完全不同，因此，二〇一四年伊拉克的石油產量只減少約10％。

此外，伊拉克的部分油田是委由國際原油集團開採，而在伊拉克的國際石油公司並沒有減產的跡象，包括英國石油、艾克森美孚（Exxon Mobil）、荷蘭皇家殼牌（Royal Dutch Shell plc）、中國石油化工（Sinopec）與俄羅斯盧克石油（OAO Lukoil Holdings）在內的原油大廠，都持續開採伊拉克北部和南部的油田。

國際石油價格在二〇一四年大幅下滑的原因

IS勢力向伊拉克南部滲透與擴大會威脅到伊拉克的石油生產量，進而讓全球的石油市場受到波動，國際能源總署首席經濟學家費斯·畢洛（Faith Birol）警告，IS已成為影響石油市場的新變數，會對石油市場帶來重大影響，可能威脅伊拉克未來的石油供應量。

雖然有這些隱憂，但國際油市在二〇一四年卻沒有出現因預期IS動亂所帶來的大漲現象，反而是油價重挫，跌破眾人眼鏡，主要是全球經濟結構產生變化，全球石油需求減少，而利用水力壓裂法（Hydraulic Fracturing）生產的美國頁岩油（Shale Oil）導致全球石油供應量大增，照道理說，波斯灣產油國看苗頭不對應該趕快減產，好讓國際油價不要因美國增產而下跌，卻沒想到屬於遜尼派的沙烏地阿拉伯，為了用經濟戰對付非我族類的什葉派伊朗，不讓伊朗因石油收入增加而受惠，導致沙烏地阿拉伯領導的波斯灣產油國拒絕減產，於是在全球石油供給增加的情況下，國際油價在二〇一四年下半年開始直直滑落，到十二月中旬時已跌破每桶60美元大關，是五年半來的新低點，國際原油價格也大跌60％。

如果IS全面攻占伊拉克

由於IS還無法掌控伊拉克南部的大油田，目前只能算是還沒長出肌肉的「細漢」，假設IS在未來繼續往伊拉克南方進軍，席捲整個伊拉克領土，連帶拿下南部的六大主要油田，那情況就不一樣了。依照伊拉克在整個國際油市的重要地位而言，目前下滑的油價可能就會馬上止跌回升，就像二〇一四年六月IS攻占伊拉克摩蘇爾後，國際油價立即上漲的情形，如果情勢變成這樣，伊朗與美國可能會直接介入這場衝突，與伊拉克政府軍共同抵抗IS，以維繫伊拉克的原有政權。這是美國的最高戰略指導原則，因此，到時油價即使上漲，也不會重回二〇〇八年七月布蘭特原油每桶147美元的歷史高點。

8. IS從哪裡獲得武器？供應鏈如何？又擁有哪些強大的武器威嚇世人？

美國的武器回流到IS手中

在這世界上，如果你想擁有某樣東西，可以用錢買，要是你沒錢或不想用錢買，那就只好用搶、偷或騙等方法拿到手，不然就是等別人送給你。IS是個軍事組織，所以一定要有武器來作戰，而武器的取得也不外乎前面所說的幾種方法。

總部設在英國倫敦的武器流向監督機構衝突裝備研究中心（Conflict Armament Research），在二〇一四年十月發表一份研究報告，說IS聖戰士手中的武器大部分是從戰場上搶來的，其中有一部分是美國製造，這些美製武器是IS在伊拉克和敘利亞繳獲的，許多是本世紀初伊拉克政府軍從美國所獲贈的武器，或是由沙烏地阿拉伯提供給敘利亞溫和派的反抗軍使用。

該研究中心以二〇一四年七月，庫德族從伊拉克和敘利亞的IS成員手中所繳獲的武器進行分析，發現IS聖戰分子擁有大量美製輕型武器，其中包括M16步槍，上面有「美國政府提供」等英文字，還有機槍、手榴彈、彈藥等；而敘利亞IS成員使用的武器還包括反坦克飛彈，這些飛彈居然與沙烏地阿拉伯在二〇一三年提供給敘利亞自由軍的飛彈完全一樣，難怪美國《外交政策》雜誌（*Foreign Policy*）也說，美國無力阻止自己生產製造的武器流入IS手中，這一點美國是難辭其咎。

此外，過去十年，美國政府花費近3百億美元訓練與武裝伊拉克安全部隊，但所提供的武器如今有很多下落不明，因此，我們可以說，IS是免費用美國人的納稅錢、拿美國武器來殺美國人支持的政府軍或反抗組織，可以說，美國人不只當了凱子，還成為IS眼中嘲笑的對象。

恐怖組織通常就像是一群烏合之眾，不耐久打，但這是美軍有史以來，第一次面對一個像正規軍武力的集團組織，這種經驗從未有過，這些聖戰士的常規火力與機動力，讓IS可以占領和控制伊拉克與敘利亞的大片領土。

IS的武器來源

研究發現IS的武器與彈藥來自至少二十一個國家，其中俄羅斯是最大的武器來源國，其次為中國，美國則居第三。

而武器來源主要有三種，第一種方式是在戰場上打仗所繳獲的政府軍裝備，這是IS主要的武器取得方式；第二種是從當地的黑市購買外國的武器；第三種方式則是在所在國的民間軍火市場購買，再攜帶彈藥到戰區作戰。

打贏一場戰爭，將武器搶到手再二度利用去打仗，說起來也合情合理，例如：二〇一四年六月IS攻占伊拉克摩蘇爾後，就順便接收美國軍援伊拉克政府軍的直升機、高射炮、M198牽引榴彈砲（約五十門）、M1艾布蘭坦克與二千三百輛美製「悍馬」（Humvee）裝甲車等重型武器。IS還在城內遊行展示這些美國戰利品，接著再利用這些剛拿到手的武器擊敗庫德族的守軍，進而奪取具有重要戰略地位的摩蘇爾水壩，當然，IS能順利拿到這些武器，也與伊拉克軍隊貪污腐化毫無戰力，導致武器被搶有關。

IS和許多恐怖組織一樣，軍火來源管道多樣，是一支由雜牌武器組成的軍隊。

IS的武器供應鏈

要讓新舊不一、不同年分與不同國家製造的武器交到IS戰士手上，而且還要能使用，也要有充分的彈藥供應，這對IS的後勤補給能力是一項重大考驗，這要靠一套精密複雜的武器供應鏈（Supply Chain）才有辦法做得到。

從跡象顯示，IS的武器供應鏈不止一條，能做靈活彈性的調度，同時能進行長距離的跨境輸送，將武器與彈藥及時送到聖戰分子手上，例如：IS成員從伊拉克政府軍繳獲軍用裝備後，往往在數天到數週時間內就能運送到敘利亞，顯示這些武器在伊拉克與敘利亞之間移轉得很快。

另一方面，這也表示IS擁有後勤供應鏈所有必要的軟硬體因素，包括兵工廠、保管武器的倉儲中心、運輸工具（例如卡車）、保養武器的裝備、補給路線、武器管理軟體、表單製作、軍械士等。

IS的武器種類

步兵輕型武器

IS的主要步兵輕型武器是AK47系列突擊步槍，在敘利亞及鄰國，AK47很容易拿到，如果是一支裝備了AK47ISIS的部隊，那就擁有令敵人敬畏的攻防戰鬥力，此外，還有美製的M4、M16系列自動步槍、前蘇聯製DShK重機槍、AK47步槍與RPG火箭筒。

而安裝在貨車上的機槍，主要是俄羅斯製造的一二・七毫米重機槍與一四・五毫米高射機槍，而且IS還有充足的資金購買性能可靠的新武器，包括簡易爆炸裝置與輕型迫擊炮……等。

整體來說，IS的輕型武器裝備仍然是新舊都有的萬國牌雜牌軍，值得一提的，是二〇一四年十二月在網路上出現的一支長達十英尺、需要用兩個三角架支撐的狙擊步槍，槍械專家表示，這種重型狙擊步槍的子彈口徑為二・三公分，遠超過標準的子彈尺寸（是普通來福槍子彈尺寸的三倍），如果再使用高爆炸藥或穿甲燃燒彈的話，可以讓IS輕鬆對付輕型裝甲車輛。

步槍彈藥

衝突裝備研究中心的調查員在二〇一四年七、八月蒐集到IS成員使用過的一千七百三十發彈藥與彈殼，主要是用在自動與半自動步槍、機關槍、狙擊步槍與手槍等武器的彈藥。

這些彈藥與彈殼中，生產年代最久遠的是一枚祖父級、由前蘇聯在一九四五年製造的彈藥，這類由俄羅斯與前蘇聯製造的槍彈彈藥最多，共有四百九十二發；其次是中國的四百四十五發；第三名則是美國，有三百二十三發，其中有些子彈還是美國製造的M16A4突擊步槍所使用的。

火砲

IS擁有數量可觀的火砲，並將多種機動火砲投入戰場，包括步兵操作的迫擊砲、前蘇聯製RPG-7可攜式反坦克火箭推進榴彈、美製M79與克羅埃西亞製RBG-6榴彈發射器等輕型火砲；重型火砲則有前蘇聯製造的雙管高射砲、中國製加農砲與多種大型牽引砲，其中，IS擁有的榴彈砲是屬於牽引式的美製一五〇口徑，這種重型榴彈砲需要大馬力的卡車才能牽引，另外砲彈也比較大，而一五〇榴彈砲與砲彈的來源都是IS在攻打摩蘇爾時，從伊拉克政府軍繳獲的。

只是IS本身沒有自己的兵工廠可以生產砲彈，零組件也無法購買，因此，砲本身的維修與彈藥的補給是一難題，所以這種榴彈砲只有在有限時間內盡量使用與消耗，用完就表示一五〇榴彈砲只剩下一個毫無價值的空殼子。

值得注意的是IS還擅長製造簡易火砲，依據不同目的與需求，將導彈和火箭砲裝在卡車或其他車輛上，這讓IS具備更令人顧忌的軍事實力。

戰鬥機

IS在占領敘利亞空軍基地後，展示他們所擄獲的噴射戰鬥機與飛彈等戰利品，但是，IS武裝分子是否具備使用這些飛彈與戰鬥機所需的知識與技能？這是一個大問題，如果有的話，IS早就命令自己的飛行員著裝升空，轟炸伊拉克與敘利亞的重要目標，而且肯定會成為國際各大媒體的頭版新聞。

單兵可攜式肩射飛彈系統

由於IS攻占一些具有單兵可攜式肩射飛彈系統（MANPADS）的軍事基地，因此，手上一定有這類的武器，這是一種簡單、可個人操作、架在肩膀上就能發射的飛彈防衛系統，屬於簡易型防空飛彈，也是最令歐美國家擔憂的IS武器，知名的美國Fim-92「刺針」（Stinger）飛彈就屬於這一類。

軍用飛機大多裝備有防衛系統，某種程度上能抵擋這類飛彈，但民航客機就無法防衛，因此，國際上有很多航空公司陸續取消飛往伊拉克與敘利亞戰區的相關航班。

商用無人機

戰場上的空中偵察情報對打贏戰爭有相當重要的貢獻，由於IS沒有像美國擁有精密的軍用無人機，只好窮則變、變則通，購買商用無人機來進行戰場偵察，證據來自被上傳到YouTube的一段影片，顯示一架無人機從空中拍攝到的地面景像。

進一步研究發現，這種具有可拆卸式相機的無人機在亞馬遜網站上就能買到，還提供快遞服務，而且費用便宜；IS似乎擁有多架無人機，雖然這類的商用無人機沒有武器，但還是能做為基本的空中偵察與攝影拍照之用，拍完後還能將照片或影片上傳網路宣傳。

化學武器——氯氣

IS擁有化學武器的具體證據，來自二〇一五年三月伊拉克庫德族出面指控IS使用化學武器——氯氣對付庫德族敢死隊。

事情發生在二〇一五年一月二十三日的伊拉克北部，庫德族進攻一條由IS占領的重要補給線，一輛自殺炸彈卡車在道路上高速行駛，朝庫德族敢死隊衝過來，在綿密的火網下，卡車開始冒煙，隨後爆炸，白煙沖天，卡車殘骸散落路邊，數十名敢死隊員因感到暈眩、噁心、嘔吐與身體虛弱而送醫，事後發現自殺炸彈卡車遺留下約二十個毒氣罐，經過實驗室分析，證實是氯氣，這種能讓人窒息而死的有毒氣體，早在第一次大戰時就已使用。

此外，二〇一一年美軍特種部隊在賓拉登位在巴基斯坦的藏身處發現檔案密件，記錄IS曾經使用氯氣做為化學武器。

其他武器

除了以上列出的武器外，IS還有美製的悍馬裝甲車、前蘇聯的T-54、T-55與T-72坦克，另有直升機數架，這些武器大部分都是從伊拉克政府軍擄獲而來，除了悍馬裝甲車與少數坦克外，其他的坦克與直升機等重型裝備都沒有人可以操作，只能停在地面上當裝飾品。

IS未來想取得的武器——核武

二〇一五年五月IS在一篇文章中宣稱，他們的資金雄厚，可透過軍火商向巴基斯坦的貪官購買核武，計畫是在一年內就能拿到手。不過西方媒體則是認為IS過於誇大，以恐嚇的成分居多，因為美國早已與巴基斯坦政府聯手監控巴國核武的庫存狀況，深怕外流到恐怖分子的手中。

三、IS運用網路宣傳與作戰的能力

1. IS的網路宣傳戰整體分析（↓量化分析）

IS社群媒體對年輕人的致命吸引力

隨著寬頻網路普及，Facebook與Twitter等網路社群媒體改寫了人類的溝通歷史，它們不僅大幅超越手機簡訊、網路聊天室與電子郵件的一對一單向功能，廣泛被公關、行銷傳播業與公民團體所運用，恐怖組織IS更利用社群媒體免費、即時與操作簡易的特性，快速連結各地支持者與可能參與恐怖活動的年輕男女，提供極端主義消息與製造武器的資訊，吸引全球穆斯林青年加入IS的聖戰，或在當地自行發動恐怖攻擊。

Facebook、Twitter與YouTube都是美國的網路公司，「開放」政策原本是這些社群媒體大受歡迎的主因，卻也讓IS成為社群媒體戰的贏家，實在是莫大的諷刺。

另一方面，IS也在二〇一四年七月創辦自己的官方版網路雜誌*DABIQ*，有多種語言版本，採用以圖片為主的視覺化編排方式，也出版紙媒，但只在伊拉克部分地區發行；*DABIQ*之名來自於鄂圖曼土耳其帝國蘇丹薩利姆一世（I.Selim）領導的Marj Dabiq戰役，該戰役發生在敘利亞阿勒坡（Halep）附近，由薩利姆對決埃及的馬穆魯克（Mamluk），最後由薩利姆獲勝，為往後帝國在埃及與沙姆地區的統治奠定了良好基礎。

善用社群媒體、手機 App 與 YouTube 的 IS

IS運用凶狠殘暴的手段與特殊的傳播能力，成為全球媒體的注目焦點，但IS與其他恐怖組織不同，他們有非常敏銳的嗅覺，一直積極運用Twitter、Facebook與YouTube等社群網站吸引年輕人觀看，所形成的影響力十分驚人。例如：二〇一四年六月當IS接連戰勝、形勢大好的時候，美國專家發現IS及支持者在社交媒體上的活動急速增加，與IS有關的Twitter帳號多達數千個，各帳號還能互相轉發推文，製造輿論一面倒的效果。

Twitter的推文與轉發功能、Facebook的群組與搜尋功能，都能自動幫恐怖分子尋找全球的同好，IS透過社群媒體發出的一連串訊息與動作，不僅是對外挑釁與力量的展示，更是宣傳的一種手段，目的都是要開創新品牌IS的形象，獲取潛在支持者認同。

對於Facebook，美國智庫威爾森中心（Wilson Center）恐怖主義與網路研究員魏曼（Gabriel Weimann），在「新恐怖主義新媒體」報告中指出，Facebook是恐怖分子號召主流伊斯蘭國家青年的重要媒介，這些年輕人不一定與恐怖組織有關聯，但是經過點閱與連結，許多邊緣化的年輕人會不知不覺地被吸收，最後走上一條很難回頭的不歸路。

二〇一五年二月的資料顯示，前往敘利亞與伊拉克參加IS的外籍聖戰士已超過兩萬人，其中約有1/5來自西歐國家，相當於四千人的軍隊規模。

有這樣的成果要歸功於IS綿密而高效率的媒體宣傳網路，他們聘請行銷、公關與視覺專家，滲透社交媒體，並開發手機應用App與網路遊戲，將IS的理念與動態送到全世界的鄉民面前。IS不是一個傳統的恐怖組織，他們將意識形態、兼具戰略與戰術的軍事力量結合起來，還有背後龐大的資金支持，這是一種前所未見的恐怖組織型態。

美國智庫對IS支持者運用Twitter的分析報告

IS支持者至少擁有四萬六千個Twitter帳號

二〇一五年三月美國智庫布魯金斯研究所（Brookings Institution）的恐怖主義分析師，也是美國與伊斯蘭世界關係的研究員伯格（J.M.Berger），與其他作者聯名發表了一份長達六十八頁的「ISIS推特普查」（ISIS Twitter Census，ISIS為IS前身）報告，指出二〇一四年九～十二月，ISIS的支持者至少擁有四萬六千個Twitter帳號，其中，超級活躍的帳號約有五百～二千個，這些帳號會發布大量推文，其中有五百四十五個帳號每日推文量達一百五十～二百則，促使IS在社交網路上成功招募成員；而每一個帳號平均又有約一千個追隨者，高於Twitter的平均數，這些IS支持者發文的特點是傳播速度非常快、關注度也高，在社交網路上相當活躍。

整體而言，Twitter成了IS大量傳送恐怖理念的工具，而且做得相當成功。

IS支持者使用Twitter的語言與所在地分析

就這些IS支持者的Twitter帳戶所使用的語言分析，約有73％使用阿拉伯語，居第一，另外有20％使用英語，還有6％使用法語。

研究人員分析帳號使用者所在的地理位置，發現沙烏地阿拉伯最多，其次為敘利亞、伊拉克與美國（敘利亞與伊拉克為IS占領區），而在世界其他國家，包括瑞士、法國、英國、義大利、比利時與西班牙等國，也都有當地的IS支持者使用Twitter發文。

而布魯金斯研究所之所以能夠區分這些使用Twitter的IS支持者來自哪裡，一部分原因是不少帳戶在發文時都會加註地理位置的資料，另一個線索就是這些Twitter帳戶在註冊時填寫的所在地資料，但是一些IS支持者為了製造威脅美國本土的假象，刻意在註冊Twitter時假造所在地的資料，將所在地填寫為紐約或華盛頓等城市，但其實他們當時人並不在美國，這份報告也揭露了這一點。

IS支持者的Twitter平均關注度最高

IS支持者的Twitter帳號平均關注者的數量為一千零四，遠高於一般的帳號，顯示IS支持者的社交媒體影響力。

還有一個現象，約有69％的支持者使用Android系統的智慧型手機發布訊息，另外約30％使用蘋果iPhone手機與iOS系統。

IS對Twitter發出的死亡威脅

在Twitter上發表對IS支持或同情的言論曾引起很大的爭議，最後Twitter決定關閉數千個ISIS支持者的帳號，雖然IS支持者的帳號屢遭刪除，但他們很快又會以匿名方式申請到更多新帳號，繼續發文，形成一場貓捉老鼠的捉迷藏遊戲，並設置更嚴格的隱私設定，只有自己人才能進去關注，這促使IS成為一個更封閉、更孤立的組織，能加入的成員也將是更激進的極端分子。

由於Twitter的嚴格審查與快速刪除和IS相關的問題帳號，讓IS十分火大，二〇一四年九月，Twitter總部曾收到IS的死亡威脅，二〇一五年三月有IS的支持者在波蘭的社交論壇上，呼籲聖戰士暗殺Twitter創辦人傑克．朵西（Jack Dorsey），在網路上以阿拉伯文寫下恐嚇信：

「是你發動這場輸定了的戰爭。

「我們從一開始就警告：這不是你們的戰爭，但你們始終不加理會，還持續關閉我們在Twitter上的帳號，當然，我們總是有辦法再回來。

「只是當我們的雄獅到臨、奪走你們的最後一口氣時，你們是不可能再復活的」。

推文者同時也威脅Twitter的員工，可能會在從住家到附近酒吧的路上遭到聖戰士的攻擊與斬首：「全球各地的聖戰士啊！將目標對準Twitter公司與其利益，無論在任何地方、任何人種，甚至任何建築物內，別給他們留下任何活命的機會」。

2. IS運用媒體進行宣傳的類型與內容（↓質化分析）

IS經營的媒體

依據二〇一四年九月的資料，IS至少經營四個媒體通路，目的是用來傳播組織理念，招募新人，例如：Al Hayat媒體的內容提供多種語言版本，好吸引西方國家的人民，主要是拍攝宣傳影片與經營Twitter帳號；Al-Furqan媒體則專門用來播放高層領導的公開發言與宣傳IS的軍事行動。

這些IS的自營媒體都會同時運用Twitter、影片與手機App等時下熱門的傳播工具，以擴大傳播效應。

App——IS操作手機App的心理戰術

IS非常擅長利用手機App應用軟體操作議題，維持社群熱度，讓訊息大量擴散。

IS有一個官方的App「黎明報喜」（the Dawn of Glad Tidings），只要下載安裝完成，使用者就會收到該App即時送來的IS最新訊息。

此外，依據美國《大西洋月刊》的報導，二〇一四年六月在IS入侵伊拉克摩蘇爾時，其App曾經在一天之內發送近四萬則推文給用戶，其中，在高峰期的三十分鐘內，就發出了三千則推文。

IS也利用官方App進行「心理威懾」戰，例如：當IS成功占領摩蘇爾後，官方App就大量轉發推文，誓言將攻占伊拉克首都巴格達，讓巴格達居民飽受驚嚇。

影片

IS除了拍攝斬首人質的影片放在網路上，也拍攝過以下具有濃厚美國娛樂文化元素的影片。

《戮歌4》與《美國狙擊手》的IS版本

IS除了在二〇一四年推出一支極具好萊塢影像風格的宣傳片《戮歌4》（*Clanging of the Sword, IV*），以吸引西方年輕人加入外，二〇一五年二月IS為了與美國的賣座電影《美國狙擊手》（*American Sniper*）較勁，在YouTube上公布一段三分半鐘的宣傳短片，主角是一名狙殺十二名敵軍士兵的IS神祕狙擊手，旁邊還可看到不斷有人以阿拉伯語高喊「真主偉大」。

具有「藍波」精神的動作片

IS也拍攝具有美國好萊塢英雄電影風格的影片，例如：穿著便服的IS士兵站在小卡車後方，握著重型機槍的把手，在小卡車一路奔馳的同時連續掃射，很類似一九八〇年代美國影星席維斯史特龍的「藍波」（Rambo）系列電影。

Twitter

自拍照片上傳Twitter

二〇一四年八月Twitter上流傳一張照片，照片中可看到有人在美國白宮前展示IS的黑色旗幟圖案，並附上一段留言：「我們在這裡，美國，已接近我們的目標」。

這種宣傳手法的目的就是要告訴美國民眾，IS已來到你們的家門口，要讓民眾感覺心裡毛毛的，造成「原來連自己的國家——美國都不安全」的印象。

摩蘇爾戰役的Twitter運用策略

在二〇一四年六月攻占摩蘇爾前夕，IS在Twitter上的帳戶就有效率地運用標籤（hashtag）與圖片推出宣傳攻勢，以達到震懾及鼓舞軍心的效果，美國智庫華盛頓研究所（The Washington

Institute）專門研究聖戰的研究員亞倫·澤林（Aaron Zelin）表示，在社群媒體的運用策略上，IS「比很多美國企業還要精通」。

一個Twitter的真實案例：@ShamiWitness

在眾多支持IS的Twitter帳號中，有一個叫Shami Witness的帳號，無疑是Twitter上最有影響力的帳號，也是IS的熱情擁護者。

Shami Witness的帳號是做為招募IS聖戰士、維繫支持者與IS新兵資訊交流的重要管道，他每個月都會發送數以千計的推文來宣傳IS理念。據估計，該帳號每個月有二百萬次的瀏覽量，超過一萬七千七百名關注者，而IS中擁有Twitter帳號的聖戰士，有$\frac{2}{3}$都會關注@ShamiWitness，這些因素加起來，使他成為全球最有影響力的IS Twitter帳號。

二〇一四年十一月Shami Witness的帳號有如下的推文：「願阿拉引導、保護、加強與擴大伊斯蘭國的統治……保佑伊斯蘭國變得和平、自治、零腐敗、犯罪率低」。

Shami Witness和在英國的青年定期聯繫，直到他們離開英國到伊拉克或敘利亞加入聖戰後，也依然會隨時關注他們的消息，如果這些人戰死，他會在自己的Twitter上稱他們為殉道者，例如：他對來自英國的一個聖戰士說：「你的兄弟們做到了要做的事，說了要說的話」；他也對另一個後來戰死的英國聖戰士說：「願阿拉賜給你和你的兄弟們勝利」。

Shami Witness在Twitter上推文十分謹慎、避免別人知道他的企圖與真實身分，直到有一天，英國第四台（channel 4）的調查員上Twitter，主動與Shami Witness接觸互動，最後發現Shami Witness帳號的擁有者在印度班加羅爾（Bangalore）一家公司上班，真名叫做邁赫迪（Mehdi Masroor Biswas），身分被洩漏後，邁赫迪在二〇一四年十二月關閉了Shami Witness這個帳號。

IS招募聖戰士的文案

IS招募士兵（聖戰士）的文案都帶有嘉年華會的味道，似乎要讓人忘記戰場上的流血、死亡與殘酷等真實的一面，目的都在吸引年輕男女上鉤，好替IS赴湯蹈火，看看以下招募文案就可以知道：

「兄弟們！你還在等什麼？那麼多的武器等著你開火，那麼多的肥羊等著你宰割，那麼多美女等著你娶回家……」

「姊妹們！妳還在等什麼？來這裡沒人敢欺負妳，戰士個個好心腸，上了戰場猛如狼，這裡的孤兒想媽媽，請妳快來照顧他……」

這些帶有人情味的宣傳內容，在IS的招募廣告中很常見，針對西方年輕人的招募任務主要由外籍的聖戰士負責，這是因為他們在拉自己本國人時，有語言與文化上的優勢，容易說動對方加入IS。

這些聖戰士往往在Facebook與Twitter上使用真名，一旦發現有魚兒上鉤，就轉入私聊的互動功能，這讓涉世未深的年輕人覺得這個組織就近在眼前，他們會認為眼前的這個人就像個親切的兄長，對自己非常照顧，進而產生好感。

這種攻勢被證明非常有效，這種行銷方式也有些類似直銷的一對一方式，先培養下線，等到時機成熟再讓下線加入組織，為組織賣命出力，很多西方年輕人就這樣被IS拉走成為聖戰士。

3. IS的網路作戰能力——美軍中央司令部的官方Twitter與YouTube雙雙遭駭是怎麼一回事？

美國等西方國家對IS網路作戰能力的評估

IS一直都有針對美國等西方國家發動大規模的駭客攻擊計畫，持平而論，IS有實力與資源去做這件事，因為恐怖組織正使用社交媒體吸引愈來愈多上網的年輕人，招募具有網路與電腦專業背景的熟練駭客，企圖打造一支完全由聖戰士組成的網路軍團，以擁有對西方實施毀滅性網路攻擊的能力。

一位二十歲左右的英國聖戰分子朱奈德．侯賽因（Junaid Hussain），就是IS網路作戰部隊的成員，二〇一二年他因入侵英國前首相東尼．布萊爾（Tony Blair）的gmail帳戶並在網路上曝光而被捕，二〇一三年在保釋期間潛逃至敘利亞，後來加入了IS組織。

中東媒體研究所（MEMRI）的專家認為，IS正在超前思考與演練駭客入侵，往後「聖戰網路部隊」的活動將頻繁出現在現實生活中。

另外依據法國戰略顧問塞謬爾．羅洪（Samuel Laurent）的說法，IS的網路戰小組隸屬於一個稱為「阿姆尼」的情報部門，主要功能在於透過駭客入侵敵營網站，竊取重要情資，以掌握敵營的動向，他們對伊拉克與敘利亞的多次戰役，就是靠竊取敵方的機密軍事行動計畫，掌握對方的下一步行動而打贏的。

至於IS會不會對美國的網路安全造成威脅，有不同的說法；二〇一四年九月美國戰略暨國際研究中心（CSIS）的網路安全專家認為IS短期內還無法威脅美國的網路安全，而美國國家安全局則表示還不十分清楚IS的網路作戰能力，可能國安局早就知道IS網路部隊的能耐，只是不想太早露出底牌，讓IS有所防範。

據稱，聖戰分子的網攻目標包括美國政府部門、能源公司、運輸系統和銀行的網站。

中央司令部的官方Twitter與YouTube被駭

二〇一五年一月十二日美國總統歐巴馬正準備對網路安全發表公開演講時，美軍中央司令部（US Central Command）的官方Twitter與YouTube英語及阿拉伯語Twitter帳號雙雙遭到自稱IS的駭客攻擊，被迫暫時下線關閉。

駭客入侵美軍中央司令部的Twitter帳號之後，發布一段推文：「美國大兵，我們要進攻了，最好小心點，IS」、「我們入侵了你們的網路和個人裝置，知道你們的一切」、「我們不會停止，我們知道你們的一切，包括你們的太太和小孩」、「伊斯蘭國已經來了，在你們每一座基地的個人電腦中」等威脅字眼，並以IS與「網路伊斯蘭帝國」（Cybercaliphate）署名。

據《亞洲周刊》報導，駭客還公布美軍委託麻省理工學院所做的國家安全研究簡報資料，包括美軍與北韓、中共衝突推演的PowerPoint檔案等敏感文件，還有不少美軍官兵的個資，包括：姓名、電話號碼、電子郵件帳號與地址，讓被公布者陷入人身安全的重大風險，但美國國防部後來宣稱這只是惡作劇，駭客只入侵美軍社群帳戶，美軍所有的網路與機密資料都很安全，刻意淡化駭客攻擊的嚴重性。

美國當然要這麼講，因為對於第一強國而言，絕不會承認自己的軍事機密已被竊取。

至於遭攻擊的中央司令部官方YouTube頁面，駭客還上傳兩段IS的影片。

Twitter與YouTube後來都緊急關閉美軍中央司令部的帳號，隨後，中央司令部也發表聲明，證實他們的Twitter和YouTube帳號遭到盜用。

有意思的是：駭客還在代碼分享網站Pastebin上公布一份據稱是美國國防部（五角大廈）的機密訊息，並承認這份機密是透過移動裝置駭入並盜取出來的，表示IS的駭客不僅有能力入侵一般民間企業網路，也有能力對美軍造成網路上的重大損害，而且他們吹噓說不用複雜的電腦設備，只要用個簡單的手機或平板就能做到，這對美軍而言，確實相當難堪。

IS之前應該也曾嘗試入侵美軍中央司令部的網站，礙於技術問題無法克服，因此才退而求其次，轉攻中央司令部的官方Twitter與YouTube商業伺服器，雖然，Twitter與YouTube的網路安全是由美國民間企業負責，對資訊的防護可能無法像美軍那樣嚴密，但這讓IS找到一個突破點，可說是心理戰的成分居多，就是要跟美國說：「老子還是有辦法讓你低頭，這道理你懂的」。

4. IS的網路作戰能力——「蜥蜴部隊」針對全球大企業進行駭客攻擊的動機是什麼？哪些企業遭到毒手？

有人說，「蜥蜴部隊」（Lizard Squad）就是直屬IS的網路部隊，也有人說他們是支持IS的外圍恐怖組織，因理念相同而結合。目前西方情報單位仍搞不清楚蜥蜴部隊與IS兩者間的關係。

依據維基百科資料顯示，蜥蜴部隊是在二〇一四年八月十八日成軍，共有七名成員，但二〇一五年一月英國和美國合作，逮捕了一名涉及SONY與微軟網路攻擊案的十八歲少年，據他表示蜥蜴部隊成員多達十五人，這又是另一種說法；他們最早是入侵線上遊戲系統製造斷線故障而打出知名度，專長是發動「分散式阻斷服務攻擊」（Distributed Denial of Service attack, DDoS），這種攻擊模式會造成網站伺服器的流量大增，充斥大量要求回覆的訊息，以消耗網路頻寬或系統的資源，導致網路或系統不堪負荷，最終導致網站癱瘓而無法提供正常的網路服務。

蜥蜴部隊入侵網站的動機

至於他們這麼做的動機是什麼？有沒有特定的理由？一位自稱是蜥蜴部隊成員、代號為「第二號成員」的二十二歲駭客，接受英國廣播公司的電台訪問時說，他們之所以入侵別人的網站，理由只是「我們做得到」，也就是創造一個具體事實來證明自己的能力，從中獲得滿足感，也顯示不將其他人放在眼裡的態度。

在發生入侵微軟網站的事件後，「第二號成員」補充說：「微軟是這麼大的一家公司……他們難道不應該有預防網路攻擊的能力嗎？」十分反諷。

蜥蜴部隊的慣用手法是用推特放消息、做宣傳，或發生網站被駭的事件之後，公開宣稱這是他們幹的；蜥蜴部隊甚至可接受當事人的委託，入侵指定網站，收取5百～6百美元不等的報酬；在入侵SONY、微軟電玩平台時，蜥蜴部隊同意一筆交易，就是接受免費網路雲端空間MegaUpload創辦人金達康（Kim Dotcom）所提供、價值相當於30萬美元的三千張主機服務使用券，以換取他們停止網路攻擊。

蜥蜴部隊一路走來不是很平順，曾經被美國聯邦調查局發現他們在之前的推文中為恐怖組織IS發聲，導致在美國的成員被盯上而受到調查，已有多名被捕入獄，後來蜥蜴部隊就慢慢被人們淡忘，但沒想到他們又捲土重來，在吸納新進的網路高手後，實力不容小覷。

目前蜥蜴部隊成員的身分與基地所在位置依舊成謎，網路安全部落客克雷布斯（Brian

Krebs）認為，蜥蜴部隊可能只是一群想出風頭的年輕人，想效法曾經入侵美國參議院網站的駭客組織LulzSec；而出書探討駭客文化的作家史崔克則認為，蜥蜴部隊並不是真地想介入地緣政治事務，他們只是一群喜歡在網路上煽動、挑起爭端的年輕人。

蜥蜴部隊的網路攻擊案例——SONY、微軟Xbox Live、Facebook與馬航

對SONY的駭客攻擊

二〇一四年八月，日本電子大廠Sony的電玩網路平台遭攻擊而陷入癱瘓，蜥蜴部隊宣告要以IS之名，懲罰貪財不義的SONY，並說這次攻擊的用意是要向SONY施壓，要他們將更多的利潤，投資在網路的改善上。

有一則貼文說：「SONY也是一家大公司，但他們沒把收到的滾滾現金用在服務客戶上，最後都貪婪地收到自己的口袋中。」

一位自稱蜥蜴部隊（@LizardSquad）的推特帳號發文表示：「今天攻擊之後，我們已將IS的旗幟插在SONY的伺服器上」。

對微軟Xbox Live的駭客攻擊

二〇一四年十二月，IS的蜥蜴部隊以DDoS（分散式阻斷服務攻擊）的手法攻擊微軟Xbox Live的線上遊戲服務平台，當時大量玩家無法正常使用該平台，造成許多外國網友在聖誕節連假期間沒有線上遊戲可玩，蜥蜴部隊隨即在推特上發表留言，宣告成功駭入Xbox Live，有意思的是，蜥蜴部隊還宣稱，如果用戶轉推他們的聲明，引起世人注意，他們將「停止攻擊」這些網路服務。

推到之前更早的時間，全球各大遊戲廠商的伺服器接連受到攻擊，包括：SONY的Play Station Network（PSN）、暴雪戰網、R星的GTA Online、EA伺服器與Windows Live都受到大小不同程度的影響。

值得一提的是，蜥蜴部隊不只進行網路駭客攻擊，還更進一步進行「虛實合一」的升級攻擊，有一個案例是：他們先入侵美國航空公司的網站，竊取SONY線上娛樂負責人John Smedley的航班資訊，再發出恐嚇稱該班機上有炸彈，並附帶一段911事件的影片，導致班機緊急迫降，接受詳細的安全檢查，雖然最後並沒有查到爆裂物，但卻造成乘客的極大恐慌。

對Facebook等全球社群網站的駭客攻擊

二〇一五年一月二十七日，全球最大的社群網站Facebook突然當機而癱瘓，不只Facebook

有這種情況，其收購的Instagram也當機，網頁版（instagram.com）與手機App都同樣無法更新使用，另外包括Tinder、Hipchat與老牌通訊軟體AIM等在內的五種社群網站也呈現當機，隨後知名駭客組織蜥蜴部隊在Twitter上發文宣稱，這些社交網站會當機，都是他們的傑作。

其實，早在二〇一四年的六月十九日，Facebook也曾經發生全球性的大當機，進入該網站只能看到「Sorry, something went wrong. We're working on getting this fixed as soon as we can.」的文字畫面，大約持續半個小時無法連上，當時也有人在討論是否遭到駭客攻擊，只是當時猜想的對象不是IS，而是中共解放軍網軍部隊的DDoS攻擊。

後來據了解，Facebook的當機並非來自駭客攻擊，而是在進行軟體系統更新時發生失誤，Facebook立即進行修復，半小時後恢復正常運作，並承諾將會避免類似事件再次發生。只是如果遇到技術高超的單一駭客或是一群駭客聯合作業，對象如果又是國家級的網路正規部隊，就算是大型的跨國公司，也很難招架得住，就如二〇一〇年二月中共因不滿Google抵制事前審查機制，而對Google進行網路駭客攻擊。

對馬來西亞航空的駭客攻擊

在二〇一四年三月與七月、不到半年的時間內，掉了兩架飛機的馬來西亞航空（MAS），堪稱是民航史上最令人嘖嘖稱奇的航空公司，驚嚇指數破百，先是三月八日自吉隆坡飛往北京的班機離奇失蹤，截至目前都還沒找到飛機殘骸與二百多名乘客的遺體；接著在七月十七日，一架從阿姆斯特丹飛往吉隆坡的班機，被親俄羅斯的武裝民兵誤認為是烏克蘭的軍方運輸機，用地對空飛彈加以擊落，墜毀在烏克蘭東部，共有二百九十八人罹難，兩次事故讓五百多名乘客失去生命，保險賠償金額也拖垮了馬航的財務。沒料到馬航的網站又在二〇一五年一月二十六日被駭客成功入侵，這是由與IS關係密切的蜥蜴部隊下的手，而馬航的網站也當機數小時，訂票與其他功能相繼停擺。

蜥蜴部隊在馬航的瀏覽器視窗頂端留下"ISIS WILL PREVAIL"（ISIS終將戰勝）的文字，還有"Plane Not Found"（找不到飛機）的字眼，這是駭客將網民搜尋網站時，有時會出現的"page not found"（無法找到相關網頁）訊息加以改寫，極盡諷刺與挑釁的味道。

此外，蜥蜴部隊也在網頁上留下一張經典的圖片：一隻穿燕尾服、抽著菸斗、戴高頂帽和單片眼鏡的蜥蜴，上面寫著「由網路哈里發蜥蜴部隊所駭的」訊息，還有蜥蜴部隊在推特帳號裡的簡介文字。

當天稍晚，馬航用精簡版網頁上陣，讓網友能上網訂票，但馬航發表公告宣稱網站未被駭，只是暫時故障，不會影響訂票，使用者的資料也沒有外洩。蜥蜴部隊後來也不甘示弱，在推特截圖公布部分乘客的名字，包括國際貿工部長慕斯達化等乘客的購票資料做出回應，同時嘲諷馬航對其駭入網站束手無策，狠狠打臉馬航。

網路安全機構後來調查說，這是一種「網域綁架」案例，駭客先操作網域名稱系統，將合法網域和惡意網站連結起來，以進行網路釣魚和其他類型的攻擊，只是不清楚蜥蜴部隊入侵馬航官網的動機。

5. IS的網路宣傳影片——恐怖、殘忍與血淋淋的斬首祭典是怎麼回事？

這類IS劊子手的殺人秀，畫面效果相當驚駭，令人不寒而慄，大家可能會問：「槍決不是比較快、又簡單方便，幹嘛用冷兵器時代的刀具來砍頭呢？」其實，槍決人質雖然快速方便，但將人質斬首的威嚇效果更大，因為只有讓世人見到頭顱被砍下的血淋淋畫面，IS才能昭告天下：「如果你們不照我的話做，下場就是這樣，所以千萬別讓我不開心」。

這就是包括IS在內的恐怖組織一直不放棄斬首人質的原因，將砍頭的過程製作成影片，向外放送，不僅可以達到最大的恐懼與威懾的心理效果，也讓恐怖組織經由行刑劊子手的發言，取得對西方世界的「話語權」與「詮釋權」。

IS的聖戰分子中，有許多年輕、高學歷的西方人，他們具有電腦與網路的專業技能，運用專長幫IS製作這類處決人質的網路影片，例如：擁有高畫質與音質的美國記者佛里（James Foley）被斬首的網路影片就是他們的傑作。

人質斬首影片的七要素

總結起來，這種殺人秀的儀式由七個元素組合而成，其中，由人質說話的場景，並不是在每次的行刑現場都會發生，IS會依人質的重要性與效果來決定是否要讓人質說話。

①劊子手

由魁梧的男性擔任行刑劊子手，劊子手的人數依人質的人數而決定，通常以一比一的比例配置。

劊子手占有主場優勢，是整場殺人秀的主角，黑色的蒙面頭罩不可少，以免被人認出而起底，但還是有例外，例如：英國的劊子手約翰雖然一樣有戴頭罩，但由於說話時洩漏英國口音，還是被英美情報單位查出真實身分，並上了媒體版面，身家資料全都公布於世。

②斬首的工具：適合做近距離的行刑工具，通常是彎刀或匕首。

③劊子手語錄

有時行刑的劊子手會用彆腳的英文說出一段恐嚇的話，因為英語是國際語言，說英語才能讓西方國家的政府與人民聽得懂，如果用阿拉伯語說出來，效果就會大打折扣。

④人質

穿著橘色囚服的人質雙手被反綁於後，面向鏡頭，滿面愁容，雙膝跪在地上，人質可能是一人，也可能高達數十人。

而IS給人質穿橘色囚衣的原因，推測有兩種可能，一種是橘色在當地的環境中較為明顯，人質不容易脫逃，另一種是透過橘色表達一種人心惶惶的訊息，擴大影片的恐嚇效果。

砍下後的人質頭顱還會被IS做為炫耀展示的道具，例如：二〇一四年六月摩蘇爾遭八百名IS戰士逼近後，三萬名政府軍丟下坦克、槍砲逃走，IS占領該城後，將軍人與警察等人質斬首，頭顱成排放在路邊，那是IS誇耀戰果的招牌手法。

不過，也不是被IS俘虜的人質下場一定都很慘，有些人質最後還是被釋放，例如：二〇一五年三月一日IS釋放十六男三女共十九名的亞述基督徒，這些人質是在一周前被IS在敘利亞東北部擄獲。

據說這獲釋的十九人先經過伊斯蘭教法法院的審訊，每人再付1千7百美元的人頭稅、也就是變相的贖金給IS。

另外，IS俘虜伊拉克少數民族「亞茲迪」（Yazidi）族人數個月後，在二〇一五年一月釋放第一批約二百名的人質，在該年四月九日又釋放第二批，包括女人與小孩在內的二百七十七名老弱婦孺。

⑤人質語錄（有時會有）：

IS會讓人質說話，代表人質有一定的重要性與地位，通常是英美等西方國家的白人人質，當然，人質會照IS事先安排好的腳本說話，內容都是一些責備自己國家的話，目的就是要打擊本國與西方社會的士氣。

例如：二〇一四年九月美國記者史蒂芬．索特羅夫（Steven Sotloff）在遭IS處決前，平靜地對著鏡頭說，他是歐巴馬堅持空襲伊拉克以對付聖戰分子的受害者。

蒙面的IS劊子手將索特羅夫斬首後，也在影片中對美國總統歐巴馬放話說：「就像你們的飛彈不斷攻擊我們人民一樣，我們的刀也將不斷砍向你們人民的脖子」。

⑥現場錄影人員

就是現場拿手機或攝影機拍攝整個行刑過程的IS成員，不過也不是每個IS公布的人質斬首影片都是真的，英美等情報單位就曾經鑑定出造假影片。

⑦控場的IS武裝人員

在現場旁邊都會有持槍保持警戒的IS武裝人員，在畫面中看不到這些人，他們主要是維持現場秩序。

經由這些元素的組合，就構成一段讓人感到恐懼不安的IS處決人質的影片。

歷史上，這樣的砍頭場景並不少見，從法國大革命期間所使用的「斷頭台」（guillotine）到清末年的一九〇〇年，義和團團民在眾目睽睽之下，當街遭到劊子手砍頭的畫面，都已成為人類野蠻史的一部分。

四、關於IS的外國聖戰士

1. IS的外國聖戰士主要來自哪些國家？用什麼宣傳手法招募？外國聖戰士可以逃脫回國嗎？

歷史的場景又重演一次

打仗要靠人來打，也要有源源不絕的生力軍加入，才能確保戰力的持續，目前IS的軍隊除了有從伊拉克與敘利亞當地招募來的同文同種聖戰士外，還有來自歐洲與亞洲各國，既不同文也不同種的外籍兵團，尤其是來自歐美等西方國家的白人聖戰士最為醒目與突兀。

其實，歷史上也曾經發生這種類似的場景，一九三九年二次大戰揭開序幕，希特勒領導下的納粹德國接連取得勝利，西歐與北歐一些國家的青年一方面對祖國的戰敗無能感到失望，另一方面則對德軍的強大感到好奇與崇拜，認為加入德國征服者行列，尤其是穿起稱為「黨衛軍」的武裝親衛隊（Waffen——SS）制服，是一種很酷的另類「時尚」，法國女權運動先驅西蒙·波娃也曾在一九四〇年稱讚德軍的制服帥氣，和他們的英姿是絕配等話，不少外國的年輕人紛紛加入納粹德國的武裝親衛隊，這就是當時武裝親衛隊「西歐團」與「北歐團」成立的歷史背景。

參加IS的外國聖戰士人數

整體分析——IS的外國聖戰士

那麼有多少外國人跑到IS幫忙打仗？依據二〇一五年二月的資料顯示，前往敘利亞與伊拉克參加IS的外國聖戰士來自八十多個國家，人數已經超過二萬人，其中，沙烏地阿拉伯至少有二千五百人加入IS，是單一國家最多的聖戰士，另外，將近1/5、也就是約四千人來自西歐國家，而且人數會愈來愈多。據法國總理曼紐爾．瓦爾（Manuel Valls）的說法，二〇一五年底前加入IS充當聖戰士的歐洲人可能會高達一萬人，對歐洲及其他區域安全造成嚴重威脅。

另一份中央情報局在二〇一四年五月～八月蒐集到的情報顯示，包括外籍兵團在內，估計IS在敘利亞與伊拉克能集結二萬～三萬一千五百名武裝人員進行作戰。

亞洲國家的估計

我們可以從外國政府發布的一些數字略知一二，首先，以全世界穆斯林人口最多的國家——亞洲的印尼而言，總人口約為二億五千萬人，80％人口信奉伊斯蘭教，是世界上穆斯林人口最多的國家。據估計，在中東地區參與聖戰的印尼人已超過三萬人（包括加入IS的人數），其中一些人回國後還設立IS分支，引起印尼政府高度重視，導致印尼政府宣布查禁IS，不准IS在印尼宣揚理念，因為這與印尼強調多元主義的建國原則相違背，同時，印尼也打算撤銷參與IS的印尼公民的國籍。

其他亞洲國家方面，截至二〇一五年四月止的資料，中國至少有一百人前往中東參戰，大部分來自新疆地區；IS也在馬來西亞與韓國招收生力軍，其中，馬來西亞總人口近三千萬人，60％人口是穆斯林，目前約有一百人加入IS的行列。東南亞各國與中國政府最大的憂慮，是這些IS的聖戰士把在戰場上累積的軍事與爆破經驗帶回國內，製造恐怖攻擊事件。

歐洲國家的估計

至於歐美等西方國家，英國倫敦大學國王學院（King's College London）的專家說，光是在敘利亞一地，來自西方的聖戰士80％都加入了IS。

其中，法國與比利時的年輕人自願加入聖戰組織的人數，是歐洲國家數一數二的，受到的恐怖威脅也比其他歐洲國家高，二〇一五年四月法國的統計顯示，至少已有一千四百三十位法國人進入敘利亞與伊拉克參加IS，這個數字是全歐洲國家之中最多的，也占歐洲籍IS聖戰士的47％，其中，有八十五人戰死異鄉，兩人被俘，目前被關在敘利亞，而法國情報單位還掌握三千多名疑似涉及敘利亞恐怖組織的法國公民，這數字比二〇一四年十一月的統計增加了24％，法國因此特別提高警覺，採取非常做法，曾經取消六名意圖投奔IS的公民護照，並禁止四十多人前往敘利亞與伊拉克。

英國約有五百～六百人加入IS，依據英國的情報單位分析，大多都是三十歲以下的未婚年輕人；比利時至少有五百人，荷蘭有一百人左右；較特別的是德國有近三十位的退伍軍人前往中東加入IS，德國的軍事反情報單位證實，IS將德國前軍人當做聖戰士訓練營的教官，教導恐怖分子學習德國軍隊的相關戰鬥技能，之後投入聖戰或反過來對德國等歐洲國家進行恐怖攻擊；另外，澳洲也有一百五十人加入IS成為聖戰士。

英國倫敦大學國王學院激進主義研究國際中心（International Center for the Study of Radicalization）分析顯示，這些IS的歐洲聖戰士中，人數最多的是法國，其他依序為英國、德國、比利時與荷蘭；如果以人口比例計算，排名第一的是比利時，每一百萬人就有二十七人加入IS，其他排名依序為丹麥、荷蘭、瑞典與挪威。[1]

IS外國聖戰士受訓案例與陣亡人數

依據美國CNN的報導，在伊拉克被捕的一名沙烏地阿拉伯青年表示，他在敘利亞與新加入IS的二百七十名隊員一起接受軍事訓練，其中包括來自美國、加拿大、德國、法國、挪威、埃及、中國、韓國和索馬利亞等國的青年，而中央情報局發言人在一份聲明中宣稱，這些極端分子大部分都持有可自由通行西方國家的護照，這讓他們能夠再回到歐美等西方社會進行恐怖攻擊。

除了招募外國人，IS也會向當地的伊拉克人或敘利亞人招手，此外，「劫獄」也是一種增加新成員的重要手段，方法是先由自殺炸彈客擔任先鋒，引爆炸彈，清出一條通往監獄內部的攻擊路徑，最後吸納原本關押在獄中的恐怖分子加入IS陣容。

雖然有這麼多的國際人士加入，但是犧牲也很慘烈，據美國《華盛頓郵報》估計，到二〇一五年三月為止，一連串的戰役下來，IS已有二萬名外國戰士陣亡，而同一時間的美國國防部估計，國際聯軍已殲滅IS八千五百人。

與以上外籍人士加入IS做對照的，則是數十名美國公民及曾參與伊拉克和阿富汗戰爭的退伍軍人，經由Facebook的串聯，在二〇一五年四月相繼前往伊拉克北部地區，與當地的庫德族戰士、信奉基督教的民兵一起對抗IS。

想退出IS的下場——視同背叛，就地槍決

既然有人想進來，當然也有人想退出，但想出去就沒那麼容易，基本上，IS很歡迎世界各國的人來壯大軍容，但對於想退出的聖戰士則視為背叛，下場通常都是就地槍決。

有些外國聖戰士對IS失望，想回到自己的祖國，於是透過當地人的協助，逃到土耳其，但有許多人失敗了，二〇一五年二月在敘利亞北部的拉卡發現近四十具、多屬亞洲面孔的男性遺體，據說是叛逃失敗的下場。

也有來自同一國家或地區的外國聖戰士想集體離開IS，結果與其他聖戰士爆發衝突，變成IS的內鬨事件，例如二〇一五年一月在伊拉克的安巴爾省首府拉馬迪市（Ramadi），一個以車臣人為主的團體決定離開IS，而與IS的當地戰士爆發槍戰。

IS招募外國聖戰士的宣傳手法

為了招募新成員，IS會運用以下的宣傳手法吸引外國聖戰士前來投靠：

①用「七十二位純潔處女」做為獎賞

IS將一首招募新成員的新詩放在網路上，這首題為「追求殉道」的詩說加入聖戰的外國戰士，死後將獲得終極大獎——七十二位純潔處女，引來各方議論紛紛。

這首詩含有大量的性愛字眼，詩中說，殉難者死後，靈魂將在天堂得到安息。在天堂，殉難者們頭戴無價王冠，周圍有先賢哲人圍繞，環境優美怡人，人人陶醉其中，無不讓人心馳神往。

這是叫做塔里克·梅漢娜的美國人寫給朋友艾哈邁德·阿布薩姆拉的詩，阿布薩姆拉在二〇〇六年因遭聯邦調查局追查而逃離美國，曾多次前往巴基斯坦與葉門接受軍事訓練，攻擊駐外的美國軍人，目前已是IS的公關人員；而塔里克·梅漢娜已被捕，目前被關押在美國監獄中。

②用高薪招募印尼新血

最實際的當然還是金錢方面的報酬，IS為了在全球擁有最多穆斯林的印尼招募新血，透過手機簡訊，提供到伊拉克或敘利亞參加聖戰的民眾每月4百萬印尼盾（約新台幣1萬8千元）的薪資，相較於印尼首都雅加達目前法定的基本工資240萬印尼盾，這薪水已超過印尼大學畢業生的薪資。

③宣傳**IS**攻城掠地的戰果

IS的人數之所以能不斷壯大，主要原因是自二〇一四年六月以來，取得愈來愈多的勝利，占領的地區也越來越多，在口耳相傳與媒體效應之下，招兵買馬的能力也變得更強。

除了以上這些招募的宣傳手法外，**IS**也會主動出擊，到其他國家招募新血。依據二〇一五年二月的情報顯示，一些早期就加入的印尼與馬來西亞極端分子，已各自回到自己的國家展開招募工作，並負責聯繫接應，他們利用Facebook與Twitter等社交媒體，還有演講、傳教與宗教討論活動等形式招募人員，再將招募來的聖戰士送到中東的**IS**控制區；這套做法吸引了來自城市和鄉村不同背景的年輕人，這些熱血青年對宗教狂熱認識不足，夢想加入所謂的「聖戰」，以拯救在伊拉克與敘利亞受壓迫的遜尼派伊斯蘭教徒。

歐洲方面，來自英國的**IS**成員在社群網站向英國公民招手，慫恿他們到伊拉克和敘利亞參戰，這些**IS**成員還會教當事人如何取道土耳其抵達敘利亞，也教他們前往伊拉克時記得要帶智慧型手機，方便即時聯絡，但不要帶宗教書籍，以免引起懷疑。

註1：法國為了應對這種情況，在二〇一四年十一月實施反恐法，授權政府為了阻止民眾加入恐怖組織，可沒收法國公民的護照，二〇一五年二月法國沒收六名企圖前往敘利亞加入IS的法國男子護照，這是法國首次運用公權力採取這項措施。

2. 外國青年，尤其是歐洲年輕人為什麼要加入IS？

IS的外籍兵團陣營與接觸方式

IS外籍兵團的兩大陣營

分析這些參加IS、來自不同國家的外籍兵團，大致可分成兩大陣營：「歐洲・美國・澳洲」與「中東・北非・亞洲（東南亞）」，而各陣營依原本的信仰又可分為「穆斯林」與「非穆斯林」，當然，有些青年原本是信奉基督教，一旦決定加入IS，甚至在更早之前，就改信仰伊斯蘭教，這就產生「信仰轉換」的現象；而歐洲的年輕穆斯林與白人主流社會疏離，中東與北非國家政局亂糟糟，人心惶恐，年輕人在走投無路下，恐怖組織的理念與宣傳說詞就成為他們的心靈歸宿。

年輕人與IS的接觸方式

雖然投奔IS的外國聖戰士各有不同的動機，也並不真正了解IS的理念，但接觸的源頭卻很類似，就是某天在網路上看到IS的宣傳影片，自覺和影片中的主角有共通之處，接著透過Twitter或Facebook主動找到上傳影片的主角，與他互加為好友，最後在對方的鼓勵下，踏上了不歸路，啟程前往敘利亞，或者依照對方的指示尋找某位可以幫助他進入敘利亞的人。

法國女記者的調查實例

有人為了想解開年輕人如此死忠的謎團，還親自下海調查，法國女記者安娜・艾瑞兒（Anna Erelle）為了想深入了解法國年輕人為什麼對IS著迷、不惜為它賣命作戰，甚至轉換信仰成為激進的伊斯蘭信徒，就在Facebook找尋調查的目標，後來她果真找到一位叫做畢萊爾（Bilel）的IS聖戰士，假裝與他交往，還差一點就當了聖戰新娘；二〇一五年年初，她將與畢萊爾從認識到步入結婚階段的過程寫成《聖戰士的內心事》（*In the Skin of a Jihadist*）一書，此舉惹惱了IS，成為IS透過網路下令全球追殺的對象。艾瑞兒生活在恐懼與不安當中，照常理推斷，她目前應該有受到法國警方的保護。

外國年輕人拚命想加入IS的原因

大家可能覺得奇怪，從小受歐美民主教育的年輕人，為何放棄自由的生活，大老遠跑到中東加入IS，成為殘暴殺戮的執行者與崇拜者？背後有什麼動力在驅策他們？

分析這些外國年輕人參加IS的原因，除了宗教，人際關係、失敗經驗、對政治不滿與暴力傾向等都是加入IS的因素。

政治與經濟因素造成西方社會的不公不義與相對剝奪感

二〇一四年十一月美國《紐約時報》訪問英國倫敦大學瑪麗王后學院（Queen Mary, University of London）文化精神病學教授Kamaldeep Bhui，發現參加IS這類激進組織的年輕人，多半擁有高學歷，顯示他們具有一定的生活水準，但他們也對西方社會感到失望，無法認同現實社會中的不公不義、貧富差距與社會階層之間的相對剝奪感，進而思想變得激進，與社會脫節，而且有這種想法的不只男性，近年來女性的比例也有增加的趨勢。

將時間拉長來看，二〇〇八年從美國席捲全球的金融海嘯，加上「全球化」的資本移動與快速累積特性，形成「富者愈富，貧者愈貧」的兩極化社會，中產階級在這波海嘯中也遭受衝擊，導致人數縮減，中產階級的子女與貧民的後代，累積了對政府與社會的不滿，加上傲慢與偏見等因素，讓他們認為選票不能解決問題，與其在自己國家等死，還不如加入IS成為英雄。

IS提供伊斯蘭的烏托邦夢想吸引不滿現實生活的年輕人

IS也會採用類似黑道幫派的手法招收年輕人加入，尤其是那些對政治與現實生活不滿，或是找不到認同與歸屬感的西方年輕人做為下手目標，他們有一套能自圓其說的神學理念，會提供處所接納他們，並灌輸一些聽起來美好卻扭曲的價值觀，再利用道德灌輸或是經由共同參與某些團體活動的形式，將組織的思想慢慢轉移給這些年輕人，以強化他們對IS的認同，無形中，他們就成為在戰場上幫IS衝鋒殺敵的恐怖聖戰士。

IS提供穆斯林青年一種有別於現實的美好願景

歐洲的年輕穆斯林無論是就學或工作常遭受當地民眾的歧視和排擠，正當心中鬱悶無處發洩時，剛好IS將組織描繪成伊斯蘭的天堂，從宗教角度出發，為這些涉世未深的年輕人建構出一個不同於現實生活的理想伊斯蘭烏托邦，在媲美伊甸園的國度裡將衣食無虞。

IS利用社群媒體與影音科技，強化宗教神主牌的地位

IS運用宗教做為切入點，將穆斯林利用暴力手段捍衛信仰所發動的攻擊行動，美化成「聖戰」，並將穆斯林與西方社會撕裂成對立的兩方，激化宗教與種族的對立，邀請這些年輕人加入這場聖戰，強調這是穆斯林一輩子的宗教神聖使命，儼然成為新興的國際伊斯蘭聖戰領導者。

IS比其他恐怖組織更加先進，利用社群網站、影音設備等現代科技招募新血，一方面加強偶像崇拜的英雄主義，另一方面則利用社交媒體在年輕族群中獲得一定的曝光度。

令人不可思議的是，IS還成立網路論壇，專門對外招募新成員，提供不同國家的年輕人關於旅遊、購買機票等等建議，甚至還有提供專業的法律諮詢，讓這些年輕人在機場或國境遭受海關人員盤問時，能順利過關。

案例——埃及青年雅柯加入IS的故事

美國《紐約時報》曾經在二〇一五年二月詳細報導了下面這則故事。

一位叫做雅柯（Islam Yaken）的二十二歲埃及青年，出身自開羅的中產階級家庭，熱愛健身，在網路上可看到他上傳的運動影片，大秀六塊肌的猛男身材。

雅柯就像全球的年輕人一樣，懷有自己的夢想，他希望興趣與工作可以結合，成為一名健身教練，可以出國工作，也有自己的女友。但現實的衝擊卻讓雅柯的夢想難以實現，二〇一一年受到阿拉伯之春的影響，憤怒的埃及人雖然推翻強人穆巴拉克三十年的獨裁統治，但從此政局動盪，經濟也走下坡，這時，他在Youtube上接觸到伊斯蘭宗教領袖雅庫布（Sheikh Yacoub）的政教合一理念，並對此崇拜不已。

此後雅柯的行為模式有了變化，他開始蓄鬍，出入清真寺，也申請到土耳其的簽證，有一天，年輕的雅柯突然消失了，原來他進入敘利亞，成為IS戰士，後來父母與朋友在網路的影片上看到他，他已成為一名IS的聖戰士，旁邊還擺放一具身首異處的屍體。他還透過社交網站散布大量的恐怖殺人影像，拉攏其他涉世未深的埃及年輕人，成為埃及政府的一大惡夢。

這是埃及的年輕世代不滿現狀，認為前途無望的真實案例，最後就是在激進與暴力的社交媒體中尋找出路。據二〇一五年四月的估計，埃及已有六百多人加入IS。

3. 為什麼歐洲女生急著遠渡重洋當IS的聖戰新娘？

透過網交就私奔到IS的歐洲女性

除了前面提過的IS外籍兵團外，近年來還有另一個引人側目的現象，就是歐洲的年輕女性也受到IS的感染，私奔到敘利亞或伊拉克當起IS的聖戰新娘。

這些年輕女孩都是在網路上認識對方，在對方灌迷湯的柔情攻勢下，進行一段時間的網交後，就急忙想飛到土耳其進入敘利亞，與對方見面結婚。這種令父母與朋友傷心難過的事情絕不是單一事件，它是IS全球招募策略的一環，不僅向成年的穆斯林男子招手，女性與青少年也是IS招募的對象。

為了對付IS在網路上針對年輕人的洗腦運動，美國也有對策，美國國務院鎖定二十～三十多歲、沒有恐怖主義傾向的年輕人，在社群網站上進行反洗腦運動，這將是一場你來我往的網路持久戰，成效如何，還有待觀察。

除了女生加入IS，也有女生加入IS的反抗陣營，美國北卡羅萊納州一位曾經在美軍服役的二十五歲單親媽媽詹斯頓，眼見當地許多孩童因戰亂成了孤兒，女性遭受性侵與販賣，她自認有責任與義務到當地從軍，執行正義行動，於是在二〇一五年四月將三個孩子做好安排後，前往伊拉克加入庫德族部隊，對抗IS。

歐洲年輕女孩加入IS的兩大原因

IS營造溫馨家庭的宣傳手法催眠年輕女性

IS招募女性的方法與成年男性完全相反，招募成年男性需要血腥暴力的宣傳手法，以激發男性體內的雄性激素，產生一股從軍報國的熱血衝動，犧牲性命也感覺無上的光榮；但IS針對女性以「浪漫關係」做為吸引女性加入的訴求，手法是利用與IS聖戰士的穩定婚姻關係做為切入點，營造一股家庭溫暖與愛情想像的空間，具體做法是在社群媒體上傳女性聖戰士在家煮飯、與鄰居聊天、喝咖啡、照顧小孩的畫面，另外也會有IS的女性成員拿著槍枝、綑綁自殺炸彈的照片；這種結合家庭與暴力的傳播手法，反而對女性產生一股致命的吸引力，更加對IS認同並效忠。

二〇一五年五月澳洲維多利亞省首府墨爾本市，至少有十二名年輕女子對IS統治地區的生活懷有浪漫的憧憬，企圖加入IS，澳洲當局已對女性這種不切實際的浪漫想法提出警告。

為了實現伊斯蘭帝國的宏願，扮演孕育者的角色

選擇嫁給IS聖戰士當然是這些女性的個人選擇，但有些女性的個人選擇與建立伊斯蘭國家的宏願密不可分，由於女性的感性與母愛特質，對她們而言，加入IS與聖戰士結婚，是為了孕育下一代的小聖戰士，這也是貢獻一己之力的最好方式，也就是將自我的角色認同投射到伊斯蘭世界的未來希望上。IS在社交媒體上的喊話與說詞，精準地掌握這些女性的心理狀態，投其所好，達成感召與吸收成員的目的。

案例

以下的四個案例只是冰山一角，實際加入IS的女性人數當然更多，不過，也有失敗的案例，例如：二〇一四年，一位美國科羅拉多州的十九歲護士香農．孔莉（Shannon Conley），在網路上與IS成員相識後，對方向她求婚，她在企圖前往敘利亞與對方見面時，在丹佛（Denver）機場被捕，不僅沒見到情郎，還在美國國土安全部的檔案裡留下記錄。

英國三名少女離家出走，接受IS訓練

二〇一五年二月英國三名少女趁學期中的假期同時離家出走，從倫敦搭機飛往土耳其，再前往敘利亞，並在IS首府拉卡的伊斯蘭訓練營接受訓練。

這三名少女就讀倫敦東區的同一所學校，成績優異，會走上這一步，調查發現可能是在社群網站被早一步加入IS的女同學引誘與洗腦，造成父母與師長無法挽回的局面。

英國的中年婦女拋棄孩子，當了IS聖戰新娘

英國一位靠政府福利金過活，來自英格蘭肯特郡的四十五歲白人婦女莎莉．瓊斯（Sally Jones），在一九九〇年代初期曾是女子搖滾樂團的樂手，後來在網路上認識二十歲的IS駭客胡塞因（Abu Hussain Al-Britani），談起姊弟戀，改信伊斯蘭教。二〇一四年九月，她拋棄十歲與十四歲的兒子，前往敘利亞與小男友相會，成為聖戰新娘，並改名為莎琪娜．胡塞因（Sakinah Hussain），並上傳一段YouTube影片，片中她穿著伊斯蘭傳統服裝，戴著黑色面罩，手拿AK-47步槍，口出狂言說她想用刀子砍下基督徒的腦袋。

荷蘭單親媽媽攜幼子加入IS

二〇一五年三月，荷蘭一位來自車臣的三十三歲單親媽媽，帶著年僅七歲與八歲的孩童前往敘利亞，這兩個小男孩原本與離婚的父親同住，但這位單親媽媽卻將他們從住處強行帶走，警方表示，母子三人很可能拿偷來的旅行證件轉機前往敘利亞。

其實這位單親媽媽在二〇一四年十一月就曾經飛往土耳其，再前往敘利亞北部的IS地盤停留

數周，當她回到荷蘭後，警方曾多次偵訊她，並發現她還有機票，曾提醒孩童的父親留意；即使如此，這位媽媽最後仍帶著小孩離開荷蘭，加入IS。

馬來西亞女醫師放棄優渥生活，跑去跟IS聖戰士結婚

一位自稱為夏姆斯（Shams）的馬來西亞籍二十六歲女性，主動放棄舒適的醫師生活，跑去加入IS，與一名從沒見過面、語言也不通的摩洛哥籍聖戰士結婚。

她後來在社群網站上訴說她前往敘利亞加入IS的心路歷程，她說她是在二〇一四年二月首度前往敘利亞，當時心情五味雜陳，對加入恐怖分子陣營的前景感到興奮，但一想到離開馬來西亞的家人又感到難過；有網站的追隨者問她為什麼加入IS，她說，她是想運用她的專業治療受傷的IS聖戰士。

她也提到與聖戰士的婚姻生活，字裡行間充滿激情，除了說明聖戰新娘的日常生活細節外，也貼文鼓勵其他年輕女性加入IS，她還經常發布一些令人看了頭皮發麻的照片，包括一張用聽診器纏繞著步槍的照片。

4. 馬來西亞已經成為前往IS的亞洲中繼轉運站嗎？

亞洲如果有人想到中東加入IS該怎麼去？一定要透過轉運站，用轉運站當做集結點，方便吸收從亞洲不同國家慕名而來的人，再由轉運站集合出發到土耳其後，接著循陸路抵達敘利亞，也就是IS的大本營。

這條IS戰士「人肉」供應鏈的亞洲中繼轉運站則是馬來西亞，也是一個以伊斯蘭教為主要信仰的國家。

馬來西亞成為IS亞洲中繼轉運站的證據

美國的線索

在二〇〇一年911事件發生後，美國保安單位調查發現，有些恐怖分子曾經出現在馬來西亞，通常這些穆斯林恐怖分子不會無緣無故出現在某個地方，一定是有某個重要原因讓他們選擇在當地進出或做短暫停留。

馬來西亞的證據

馬來西亞的執法單位在二〇一四年十月突擊檢查吉隆坡郊區一戶公寓時，意外查獲屋內住有一百五十五名中國新疆維吾爾族的非法移民，其中包括婦女與小孩，他們都持有土耳其護照，雖然他們不一定是要去中東參與聖戰，但他們的出現還是讓馬來西亞與中國政府大吃一驚。

中國的證據

中國的情資顯示，目前已發生多起中國恐怖分子，經由東南亞前往中東參加IS聖戰的案例，二〇一五年年初就有三百多名中國人士偷渡到馬來西亞，這些中國的IS支持者都持有買來的土耳其假護照做為身分掩護。

依據土耳其媒體報導，IS在土耳其有專門製作假護照的機構，發放給想加入的外國人，一名IS成員透露，IS已經製作十萬本的土耳其假護照，其中至少有五萬本流到中國大陸。

這些中國志願軍前往IS占領區都是採取迂迴路線，由於新疆的邊防嚴密，因此，中國恐怖分子一般都會往南方走，先到廣東、廣西與雲南一帶邊防較鬆懈的省分偷渡出境，循陸路進入馬來西亞，然後再坐飛機或海路直接到土耳其，或從印尼轉機飛土耳其，最後越過土耳其與敘利亞的邊境，進入IS的地盤。

馬來西亞成為IS亞洲中繼轉運站的原因

亞洲地理範圍遼闊，又有全世界穆斯林人口最多的國家，而馬來西亞的大部分人口也屬於穆斯林族群，這些人口中只要有萬分之一想成為IS的聖戰士，那可就不得了。

由於歐洲距離土耳其較近，因此想當IS聖戰士的歐洲人，可以直接從歐洲各國坐飛機到土耳其，再進入敘利亞向IS報到；但亞洲就無法複製歐洲的模式，因為亞洲距離土耳其較遙遠，範圍又太大，中間必須有個轉運站做為運輸的起始點。

由於馬來西亞的人口以穆斯林為主，在情感上本來就會比較偏向幫助自己人，加上位居東南亞與中東之間的戰略性位置，馬來西亞因此給許多伊斯蘭國家人民享有免簽證待遇，而馬來西亞人民前往許多國家也都不需要簽證，加上邊防疏漏，讓馬來西亞在過去一直被國際販毒集團與人口販賣組織做為通往全球的轉運站，即使當局大力執法，還是無法徹底解決；而恐怖分子入境比毒品與人口販賣更難追蹤，除非事先接獲情報，否則很難在邊境防堵。

馬來西亞對恐怖分子的反制措施

由於大部分馬來西亞民眾並不認同IS理念，因此IS對馬來西亞的影響有限，也沒有實質證據證明馬國已經出現IS的分支，但馬來西亞政府還是採取了各種反恐措施，以洗刷亞洲恐怖分子轉運站的事實，包括預防性逮捕與羈押行動，二〇一四年馬國政府逮捕了四十六名企圖前往敘利亞參與IS聖戰的當地民眾，這些人有不少是公務員，也有退伍軍人。

法令上，馬來西亞國會已在二〇一五年四月通過「二〇一五年防範恐怖主義法案」的反恐法令，抑制恐怖主義勢力的抬頭，在這個新法令下，馬國政府將會成立一個獨立的防範恐怖主義局，將羈押嫌犯的權力移交給該局，而當局有權在無須審訊的情況下，可將嫌犯扣留長達兩年。

馬來西亞的態度很明確，就是做為轉運站的這條偷渡走廊必須被切斷，以阻止更多IS支持者繼續經由馬來西亞轉往中東的IS占領區，為亞洲與其他國家帶來禍害。

5. IS的兩大劊子手——「聖戰士約翰」與「沙基爾」是什麼樣的人？

被起底的IS劊子手——斬殺美國人質的英國「聖戰士約翰」

美國人質砍頭事件原由

二〇一四年八月由IS公布的美國記者佛里遭斬首的影片中，劊子手戴黑面罩穿黑衣，上身戴著槍套，以匕首處決人質，並向歐美嗆聲，說話時帶有濃厚的英國腔口音，事後，英國情報單位軍情六處（MI 6）會同美國進行調查，由反恐專家檢視影片內容，以找出影片中劊子手的真實身分。

當時的英國首相卡麥隆表示，將美國人質佛里砍頭的劊子手，「愈來愈有可能」是來自英國的恐怖分子，而英國外相也在英國廣播公司的節目中表示，影片中的凶殘劊子手確實是英國人。

英國向來是美國堅強的反恐盟友，但是這次發生英國籍恐怖分子斬首美國公民事件，顯然是IS刻意挑起英美兩國矛盾所事先安排的一場大戲。

「聖戰士約翰」的真實身分

二〇一五年二月IS劊子手「聖戰士約翰」的身分終於曝光，真實姓名叫穆罕默德・恩瓦齊（Mohammed Emwazi），生於科威特，在倫敦西區的中產階級社區長大，家境富裕，是倫敦的富二代，擁有倫敦西敏寺大學（University of Westminster）資訊系學歷，懂程式設計，現年約二十五歲，二〇一二年到敘利亞加入IS。「聖戰士約翰」是被他俘虜的人質幫他取的綽號。

認識聖戰士約翰的英國友人說，他留鬍子，待人有禮，也喜歡穿時髦的衣服，同時遵守伊斯蘭教義，偶爾會到格林威治的清真寺祈禱。

他的父親賈西姆・恩瓦齊（Jassim Emwazi）原籍在伊拉克，後來移居科威特，一九九〇年伊拉克總統海珊入侵科威特時，據說賈西姆與伊拉克軍隊合作。

一九九一年波斯灣戰爭結束後，賈西姆怕科威特政府報復，全家從科威特逃到英國，定居於倫敦。

在他的兒子聖戰士約翰的身分曝光後，賈西姆又搬回科威特躲藏，而他的母親與另外四名兄弟姐妹則繼續留在英國，受到當地警方的保護。

據說，人在敘利亞的穆罕默德・恩瓦齊身分曝光後，對家人造成困擾感到抱歉，曾透過第三者向家人致歉，但是他並沒有為自己加入IS，甚至虐殺人質感到愧疚，他總共斬首四名西方人質，兩名美國人與兩名英國人，IS從二〇一四年八月十九日到十月初，共公布四部影片，恩瓦齊陸續斬首美國記者佛里與索特羅夫，以及英國志工海恩斯（David Haines）與漢寧（Alan Henning）。

IS的頭號劊子手——伊拉克的「沙基爾」

你可能會問：「聖戰士約翰」是來自歐洲的西方劊子手，那麼IS有沒有自己的劊子手？答案是有，他的名字叫沙基爾（Shakir Wahiyib），年近三十歲，來自伊拉克西部安巴省的遜尼派部落，也是伊拉克前總統海珊垮台後，美軍口中首批與蓋達組織結盟的恐怖分子之一。

他是IS的頭號劊子手，他在處決人質的現場從不蒙面，直接以真面目示人，相當高調，額頭長著天生的一字眉，蓄長髮，滿臉落腮鬍，這已經成為他個人的招牌商標；第一次砍頭經驗是在二〇一三年夏天，他帶領手下在安巴省處決三名擅自闖入IS地盤的敘利亞卡車司機。

IS的成員都尊稱沙基爾為「沙漠之獅」，在IS公布的影片中，沙基爾刻意營造威武與溫文兼具的形象，例如：接受兒童獻花、輕輕撫摸站在手臂上的獵鷹，或是手持肩射防空飛彈、眼神遙望遠方等，類似好萊塢電影中英雄的浪漫化身，據說不少中東女性將他當成偶像般崇拜。

6. IS打的如意算盤——喚醒西方的「沉睡細胞」在盤算什麼？

沉睡細胞的定義

受限於資源與地理位置，IS無法跨出中東，將自己的聖戰士運送到歐美，於是想出一種新的恐怖攻擊手法——「沉睡細胞」（sleeper cells）植入法，做法是將經過洗腦與訓練過的殺手（恐怖分子），如細胞般植入歐美等西方國家。這些沉睡細胞早已充分融入當地的社會，也吸收該國的養分而壯大，例如：就學、工作、福利金……等，只要時機成熟，恐怖組織一聲令下，或發生一個導火線的事件，就能喚醒這些臥底的細胞成為殺手細胞，進行「孤狼」（loan wolf）式的單人攻擊或透過社群網路串聯，迅速集結兩人以上的團體互相掩護，在人潮聚集的地方製造大規模的恐怖攻擊事件。例如在地鐵、車站、學校、購物中心、展覽會等場所，使用爆裂物、人肉自殺炸彈（人與炸彈合體）或自動武器掃射等方式進行攻擊，最高等級的恐怖攻擊就是數人在同一時間的不同地點，進行精準的協同攻擊，讓傷亡與威懾最大化，例如二〇〇一年的美國911事件。

這些幫IS製造恐怖攻擊的在地公民化身成沉睡細胞，類似台語的「飼老鼠，咬布袋」的俗話，讓歐美等國情何以堪。

沉睡細胞的分類

沉睡細胞依是否「跨境移動」可分為兩類

以人體是否有「跨境移動」區分成兩類：

①「跨境移動」類型是從歐美等居住國離境，到恐怖組織的地盤接受洗腦與訓練，再回到自己的居住國潛伏。

②「非跨境移動」類型則是恐怖組織利用網路對歐美在地公民進行洗腦與培養。

這些沉睡細胞有的擁有當地國籍，屬於該國的公民；有的是擁有居留權、在當地居住的外國人，平時可能有一份正常的工作以養活自己，也有自己的朋友與社交圈，但滿腦子卻是狠毒殺人的想法。

沉睡細胞依「危害程度」可分為三大類

這些沉睡細胞專搞破壞與殺人，有些沉睡細胞接受過恐怖組織的指揮與培訓，其中有些是接受簡單的訓練，有些則是到恐怖組織的基地進一步深造，接受更嚴格的軍事訓練，這些沉睡細胞依危害程度可分為三類：

①「低度風險」的沉睡細胞

通常沒有受過專業訓練，沒有特殊的技能與知識，也沒有接受過恐怖組織的培訓，但有滿腔的熱血與信念策畫與執行恐怖攻擊，有時為了引起恐怖組織高層的注意，往往也會製造大規模的傷亡事件。

這類沉睡細胞有些屬於外圍的IS支持者或同情者，美國政府官員稱這些被洗腦後加入IS的人為「孤狼」。

②「中度風險」的沉睡細胞

有受過專業訓練，掌握一定的特殊技能和知識，其中有些人有犯罪前科的案底。

③「高度風險」的沉睡細胞

受過嚴格的軍事訓練，掌握特殊技能和專業知識，背後有資金資助，平時潛伏在人群中蒐集情報和進行反偵察，最後選定目標下手，往往對西方社會造成重大的致命一擊，危害程度最大。

發生在法國與美國的「沉睡細胞」案例

二〇一四年九月有愈來越多跡象顯示，IS正積極招募歐美的公民，經過洗腦與受訓，返回自己的原居住國潛伏，成為IS的沉睡細胞，由於這些人早已融入當地社會，沒有人會懷疑他們的真實身分，但他們卻是不折不扣的暴力極端分子，即使犧牲自己的性命也要完成恐怖攻擊的任務。

例如：二〇一五年一月七日攻擊並血洗法國《查理周刊》雜誌社的恐怖分子，就是生活在法國的一對三十多歲兄弟檔，兩人都在巴黎出生，為北非阿爾及利亞裔的法國公民，二〇一四年夏天才從敘利亞回到法國，屬於巴黎同一聖戰細胞組織的成員；還有二〇一五年五月三日美國德州達拉斯市的柯蒂斯展演中心（Curtis Culwell Center），一場以先知穆罕默德為主題的漫畫比賽與展覽發生槍擊案，二名槍手最後遭警方擊斃，IS聲明該起槍擊案是他們所策畫、針對美國本土的首次攻擊行動。

「沉睡細胞」讓美國聯邦調查局也頭大

美國聯邦調查局的艱鉅任務，在於必須持續關注不斷變化的威脅環境，除了要追蹤那些離開美國，前往歐洲度假，再往南前進土耳其，進入IS的美國公民，還要監控IS等激進組織利用網路招募美國年輕人的新手法。有情報顯示IS招募年齡已下探到年僅十五歲的青少年，這讓聯邦調查局十分頭大，表示IS招募人員的年輕化與在地化，美國本土可能遭受恐怖攻擊的機率也大大升高。

有些家長受到網路上恐怖組織散播的訊息蠱惑，還連帶鼓勵其他家庭成員一起加入，包括幼小的孩童在內，針對這些案例，聯邦調查局也將追究這些家長的責任，但美國執法單位無法獨力完成打擊IS招募人員的行動，最後還是要靠家庭成員彼此的關心與協助，而非選擇不干涉。

IS運用網路社交媒體的靈活宣傳與招募手法，讓他們免費賺到一部針對美國的「攻擊產生器」，而且完全不用他們出手，只要輕鬆翹起二郎腿，下指令指揮美國人就可完成攻擊行動，而美國政府有時因為受限於官僚體制的制約而反應遲鈍，這讓IS的招募逐漸占優勢。

即使美國不會像西歐那樣有數量可觀的人被IS招募，但是美國的穆斯林族群與美國社會的低融合度，加上就業與經濟等問題，早有一批長期心懷不滿的穆斯林，只要有一個恰當的引信點燃，如同美國近期接二連三發生，黑人與白人警察因族群問題所發生的暴動，美國就可能會面臨一段建國以來的動盪期。

二〇一五年五月，聯邦調查局最新出爐一份有關IS對美國的威脅評估分析，局長柯米（James Comey）表示，IS已在美國境內招募到「成百甚至上千」的人，成為隨時準備對美國發動攻擊的IS沉睡細胞。

從二〇一五年年初以來，有關IS在美國招募戰士的案例不斷出現，已對美國構成新一波的國安威脅，美國面臨的問題不在於自己人攻擊自己國家的事件會不會發生，而是這類攻擊會在什麼時間的什麼地點，採取何種類型的恐怖攻擊。歸結起來，還是要回到掌握確實情報的基本面。

想重返祖國的歐洲聖戰士——是「沉睡細胞」還是真心悔改？

二〇一四年九月一名到敘利亞幫IS打聖戰的英國人，聲稱代表另外三十名聖戰士的訴求，表示他們對聖戰的幻想已經破滅，意志愈來愈消沉，請求英國政府讓他們回家。

這群英國聖戰士多是二十多歲的年輕人，原本是為對抗敘利亞的獨裁總統阿塞德的政權而戰，結果卻被IS派去與其他反抗組織作戰，捲入派系鬥爭的戲碼，這與他們當初前來中東打仗的初衷與意願不符，對參加聖戰感到相當後悔。

為了能回到自己的祖國、自己的家鄉，他們向英國政府尋求特赦，並願意參加「去激進化」的計畫，接受當局的監控，但不想坐牢。

但他們的這一舉動，卻引起英國社會的巨大反對聲浪，英國民眾擔心他們回國後會成為IS派來臥底的「沉睡細胞」，伺機發動恐怖攻擊，網友對於他們的思鄉之情，也幾乎一面倒反對，有一位網友的評論形容得最為貼切：「英國真的需要那麼多相信以神之名殺人，然後就會保證上天堂的暴力伊斯蘭教徒嗎？他們當初為自己做出了選擇，現在就要承擔後果」。

7. IS聖戰士的婚姻介紹所與性奴隸是怎麼回事？

IS箝制女性的身體自主權

女性本來在伊斯蘭社會就屬於被支配的角色，以現在的眼光看，算是社會中的弱勢族群，在IS嚴格控制下的女性，連身體自主權都沒有，二〇一四年八月IS下令對女性實施陰蒂割禮，理由是為了讓她們「遠離放蕩與不道德」的生活，這種過程不僅讓女性蒙受不必要的生理痛苦，也剝奪女性在性生活中的樂趣與自主性，也可能對往後的身心發展投下巨大的陰影。

至於女同志或是婚前性行為這類現代社會中司空見慣的事，在IS的土地上可不被允許，甚至會招來殺身之禍，尤其是女同志不小心被抓到的話，就和男同志一樣，只有死路一條。

另一方面，IS將不同信仰的女性當成洩慾的工具，逼迫她們成為性奴隸，同時還為自己的所做所為提供理論上的合法性，已經引起國際人權組織的關注（其實他們也沒辦法做什麼）。

此外，還有幫IS招募慰安婦的事情，這件事發生在印尼，有些支持IS的印尼人在校園內散發傳單，內容是為IS聖戰士招募慰安婦，解決生理需求，好讓他們可以神清氣爽地在戰場上奮勇殺敵。（二次大戰時日本也曾在亞洲各地徵召慰安婦慰勞在前線的日軍，而戰後到現在，七十年過去了，日本一直不願就此事面對、認錯、道歉與賠償，導致受害的亞洲各國不能諒解）。

以下是IS的婚姻介紹所與逼迫女性當性奴隸的證據：

IS聖戰士的婚姻介紹所

據總部設在英國的「敘利亞人權瞭望台組織」（Syrian Observatory for Human Rights, SOHR）表示，二〇一四年七月IS在敘利亞北部的艾爾巴伯鎮（al-Bab）設立辦公室，成立婚姻介紹所，讓單身女性或寡婦登記姓名與地址等基本資料，跟IS的聖戰士進行婚姻配對。

過去有傳聞說，恐佈分子會在組織活動頻繁的地區討老婆，或以暴力脅迫女性嫁給他們。

IS的性奴隸問題

亞茲迪女性的人道主義危機

亞茲迪（Yazidis）族屬於庫德族（Kurds）的少數民族，與一般庫德族信仰伊斯蘭教遜尼派不同，他們信仰融合多種宗教的一神教——亞茲迪教，被IS當成異端，認為可任意加以殺害或凌辱。

依據「敘利亞人權瞭望台組織」的說法，二〇一四年八月IS武裝分子在伊拉克帶走超過一千五百名的亞茲迪族婦女，據目擊者表示，IS將年輕的亞茲迪女性與其他人分開，用巴士或卡車將她們載走，再脅迫她們與自己的聖戰士成婚，生下更多的小聖戰士，長大後，可以成為IS的生力軍。

這些被帶走的亞茲迪女性，其中有數百人被賣給IS的敘利亞戰士，並被迫改信伊斯蘭教，在所掌握的二十七個案例中，發現亞茲迪女性是以每人1千美元的代價賣給IS士兵，甚至連十歲女童也不放過，有的甚至被當成「戰利品」犒賞給IS戰士。

由於事態嚴重，二〇一四年八月十三日聯合國秘書長潘基文的兩名高級代表發表聯合聲明，用最嚴厲的措辭譴責IS對婦女與兒童的性暴力，並說可能有一千五百位亞茲迪族女性已經淪為IS的性奴隸，為了此事，聯合國將伊拉克的人道主義危機提升為第三級，這是聯合國在應對類似危機時的最高級別。

二〇一五年五月聯合國特派員走訪伊拉克、敘利亞與土耳其等地，想了解目前在IS手中的亞茲迪女性現況，結果慘不忍睹，因為IS戰士綁架這些女性後，會先加以分類，IS高層可以先挑選年輕貌美的處女當性奴，再依序由副手與一般聖戰士挑選，之後再逼迫她們做變態性交，如果不聽話就會被活活燒死，覺得玩膩了，就會轉手賣掉，有一位亞茲迪少女被轉賣二十多次。

IS對性奴隸的理論依據

IS為了將自己大搞性奴隸一事自圓其說，二〇一四年十月在官方網路雜誌*DABIQ*上宣稱綁架婦女做為性奴隸是合法且合理的，該篇文章的標題叫做「時候到來之前奴隸制的復興」，「時候」指的是審判日（The Judgement Day），並引用伊斯蘭神學的觀點：「每個人都應該記得，奴役異教徒（kuffar）的家庭，並將他們的女人納為妾是建立在伊斯蘭教法（Shariah）上的」。

內容還提到對於伊拉克北部的亞茲迪少數民族的婦女，IS聖戰士可以合法獵捕，並強制做妾或當成性奴隸。

但是廣大的伊斯蘭世界的穆斯林否定IS這樣的說法，認為是曲解了伊斯蘭教教義，讓穆斯林被汙名化，與IS切割的意味十分明顯。

五、IS對全球造成的威脅

1. IS斬首美國記者佛里事件

IS處決美國人質事件經過

令人戰慄的斬首影片

二〇一四年八月國際媒體版面的報導，突然一下子熱鬧了起來，全球的目光又重新回到IS，那是因為IS開始敢於挑戰美國的權威，斬首了美國人質佛里，令全球為之震驚。

四十歲的佛里是美國的資深記者，二〇一二年十一月二十二日在敘利亞遭武裝分子綁架，下落不明，家人完全沒有他的消息，直到二〇一四年八月網路上流傳一段長達五分鐘的影片，背景是遼闊的沙漠，可看到IS的聖戰士約翰戴著黑色頭套，以帶有英國腔的英語說話，將佛里砍頭，IS人士並揚言，這是為了報復美國總統歐巴馬批准對伊拉克北部的IS陣地發動空襲。

IS釋放佛里的條件

在佛里遭斬首前，IS曾向美國交涉施壓，提出放人條件，美國政府除了必須支付1億3千

2百萬美元的天價贖金，還要釋放人稱「基地組織夫人」（Lady al-Qaeda）、畢業於美國麻省理工學院的神經科學家——巴基斯坦籍女魔頭阿菲雅・希迪克（Aafia Siddiqui），她因企圖製造對美國的恐怖攻擊而被判八十六年徒刑，目前關押在德州。

但立即遭美國拒絕，因美國的國家政策是絕不和恐怖分子打交道，即使犧牲人質也在所不惜。英國也是相同的做法，但歐洲其他幾個國家卻與英美不同調，歐洲數國為了拯救自己人質的性命，已付出數百萬美元給恐怖分子，例如：二〇一四年法國與西班牙都支付贖金給IS，分別換回四名法國人與三名西班牙人。

佛里母親的反應

二〇一四年八月當美國政府還在調查這段影片的真實性時，佛里母親公開在社群網站表示，她為兒子感到驕傲，她也希望IS盡快釋放其他被劫持的美國人，因為他們都是無辜的，無法影響美國政府在伊拉克或敘利亞等地的政策。

無計可施的美國

對於自己國家的公民佛里被砍頭，美國總統歐巴馬似乎無計可施，除了公開譴責IS殘暴外，也只能呼籲中東各國要加強合作，以消滅IS這塊腫瘤，防止它繼續壯大。

而美軍也繼續空襲IS，在佛里遇害後，美軍中央指揮部發表聲明，說美軍在伊拉克北部又執行了十四次的空襲任務。

其實，佛里會被砍頭，追根究柢，與美國在二〇一一年從伊拉克撤軍後，情報掌握不夠確實，又輕忽低估IS的戰力有很大關係，直到二〇一四年六月IS攻下伊拉克北部大城摩蘇爾，進而向南進逼巴格達後，美國才大夢初醒般地大吃一驚，然後急忙補破網，但IS羽翼已豐，實力大增，豈是二〇一三年的弱雞對手，想要消滅它，難如登天。如果美國的情報掌握確實，決策明快清晰，並展開行動，就能早一步將記者、志工等在內的美國人撤到安全地帶，也就不會讓IS擁有人質籌碼進行要脅。

2. 日本的憤怒與無力感——IS斬首日本人質事件

日本人質斬首事件的經過

二〇一四年下半年IS主要是針對西方的白人俘虜進行斬首行動，但二〇一五年一月情況有了變化，IS將亞洲的日本捲入這波人質斬首事件，讓人相當意外。

整起事件最早見於網路上的一段影片，IS威脅要殺害手上的兩名日本男性人質——湯川遙菜（Haruna Yukawa）與後藤健二（Kenji Goto），理由是日本承諾支付2億美元支援伊拉克政府，並援助敘利亞、土耳其與黎巴嫩境內的難民政策是一個「愚蠢的決定」，並要求獲得同樣數額的2億美元贖金。

但日本首相安倍晉三並沒有答應IS的贖金要求，並強硬表示不會向恐怖主義屈服。幾天之後，網路上流傳一段影片，IS將四十二歲的湯川遙菜砍頭，之後也不再提贖金的要求，因為IS改變策略，他們想用後藤健二交換一位被關押在約旦的伊拉克女性莎吉達・瑞莎薇（Sajida al-Rishawi），這位伊拉克婦女也是一位狠角色，她在二〇〇五年因參與伊拉克蓋達組織炸毀約旦首都安曼三家旅館，造成六十人喪生的自殺炸彈攻擊而遭判處死刑；日本人認為這可能為後藤健二帶來獲釋的希望，但最後約旦政府並沒有答應IS的換俘要求。

二〇一五年的二月初，日本的希望破滅了，IS上傳一段一分多鐘的影片，背景像是一個乾涸河床的地方，操著英國南方口音並蒙面的英國聖戰士約翰再次出現，拿刀比劃，準備斬首身穿橘色囚服、跪在地上的日本戰地記者後藤健二，並以英語嗆聲說：「日本政府像愚蠢的同盟國一樣，無法理解伊斯蘭國的力量與權威」，並說都是日本首相安倍晉三的魯莽害死後藤，而「日本的噩夢才剛開始」，最後畫面出現劊子手用刀割下了後藤健二的人頭。

日本對人質斬首的反應

在十天的人質危機期間，依據約旦政府的說法，約旦有和IS談判，並一直與日本政府保持密切聯繫，已盡最大努力挽救後藤健二的生命；而日本也做了許多努力，曾透過當地的部族與宗教領袖與IS建立聯繫管道，但一無所獲。

雖然兩名日本人質接連被IS斬首，讓日本群眾陷入悲傷與憤怒的情緒，但日本民眾卻也更加支持首相安倍晉三對恐怖主義採取強硬路線的政策。

3. IS火燒約旦飛行員引發約旦的軍事報復

IS火燒約旦飛行員人質的經過

約旦F-16戰機墜機事件

IS不只以綁架與殺害西方人質為對象，連同屬穆斯林的約旦人質也不放過，引起伊斯蘭世界的憤慨。

事情發生在二〇一四年十二月二十四日，當時約旦一位二十六歲的中尉飛官卡薩貝（Maaz al-Kassasbeh）駕駛F-16戰機，在敘利亞東北部空襲IS目標時，遭IS的防空飛彈擊落，人被生擒，成為IS的俘虜。[1]

卡薩貝死亡事件始末

卡薩貝不僅是國際聯軍打擊IS以來，第一位被俘虜的戰機飛行員，也因卡薩貝家族系出約旦南部力挺王室的部落，在約旦政壇舉足輕重，具有高敏感度的政治意涵，因此被IS視為高價值目標的人質，等於說IS手上擁有一個很好的人質籌碼，約旦如果想讓卡薩貝平安獲釋回來，勢將付出很高的代價。

約旦政府表示願意與IS換囚，如果IS釋放約旦空軍飛官卡薩貝，約旦政府會將關押在獄中的伊拉克女自殺炸彈客莎吉達亞．瑞莎薇送還給IS。

但在二〇一五年二月事情有了變化，IS上傳一段長達二十二分鐘的網路影片，可看到IS先在穿著橘色囚服的卡薩貝身上淋汽油，再引燃外面的油線，以殘忍的火刑方式，活活燒死關在金屬囚籠中的約旦飛官卡薩貝；IS成員坦承事前有給卡薩貝服用大量鎮靜劑，好讓他無法辨識周遭發生的事情，被燒死時才不會大聲尖叫。

IS製作卡薩貝死亡影片的附加價值

IS以前所未見的電影拍攝手法製作卡薩貝的死亡影片，有精心設計的好萊塢風格、運鏡角度與音效剪輯，希望達到震懾西方世界的最大效果。

卡薩貝被燒死的消息傳出後，激怒了全約旦人民，誓言要對IS進行報復，因為在伊斯蘭教法中，有許多不同的處決方式，最常見的是斬首，而火燒極刑大部分用在改信基督教的穆斯林叛徒身上，而IS公布這段燒死約旦飛官影片的目的，可能是想向伊斯蘭世界傳達一個恫嚇與招募新血的雙重訊息——既殘忍又帶種，敢用火刑燒死不順從的穆斯林同胞；我是世界上最強的，趕快來投靠吧。

約旦政府的後續反應與軍事報復行動

約旦政府對IS燒死飛官卡薩貝的舉動，立即做出以下三點回應：

①約旦立即處決IS的囚犯

約旦政府曾警告過IS，如果敢殺害卡薩貝，約旦會將關在獄中的瑞莎薇與其他IS囚犯全部殺掉，而在卡薩貝遇害的影片流出後的一小時內，約旦政府展現高效率的報復手段，立即將包括瑞莎薇在內的六名與IS有關的囚犯處死。

②約旦國王阿不都拉二世立即返國進行危機處理

事發當時，約旦國王阿不都拉二世（Abdullah II）正在聯合國訪問，聽到卡薩貝遇害的消息後，立即縮短訪問行程，兼程返國進行危機處理，並表示殺死卡薩貝飛官的作為是一項「恐怖的懦弱行為」，而美國總統歐巴馬也在阿不都拉國王啟程返國前先行會面商談，將每年對約旦的援助款自6億6千萬美元大幅提升為10億美元，為了致意，歐巴馬又追加了第二次會面，表達對阿不都拉與約旦人民的慰問。

③約旦軍方對IS的大規模轟炸行動

約旦飛官卡薩貝遭IS活活燒死後，約旦軍方立即展開報復性的空襲行動，並強調空襲會持續到IS被消滅為止。

這次空襲擴大了轟炸IS的範圍，約旦軍方出動數十架戰機在敘利亞與伊拉克境內，轟炸IS的訓練營和火藥庫；約旦自二〇一四年九月以來，加入以美國為首的聯軍執行空襲IS任務，但只限在敘利亞境內，這次是連伊拉克的IS目標也一起轟炸。

註1：以美國為首的聯軍從二〇一四年九月二十三日起空襲敘利亞境內的IS據點，美國與卡達、巴林、約旦、沙烏地阿拉伯與阿拉伯聯合大公國五國協同出擊，除卡達只派軍機支援而不參與轟炸外，其他四國都全面投入對IS的空襲行動。

4.《查理周刊》恐怖攻擊事件引發法國舉國的重視與憤怒

《查理周刊》恐怖襲擊事件始末

二〇一五年一月七日位於法國巴黎市中心第十一區，走諷刺路線的左派雜誌《查理周刊》（*Charlie Hebdo*）的總部辦公室，當地時間上午十一時三十分左右，兩名屬於「高風險」、「跨境移動」型「沉睡細胞」的北非阿爾及利亞裔的三十多歲凶嫌果艾齊兄弟檔（Cherif and Said Kouachi），用頭罩蒙面，夥同另一名十八歲凶嫌莫拉德（Hamyd Mourad）進入雜誌社的接待區後，立即衝上二樓會議室大開殺戒，使用AK47突擊步槍射擊正在開會的周刊編輯，槍手開槍時，用阿拉伯語高呼真主偉大，又高喊「我們已經為先知復仇」。攻擊過程中，凶嫌手段兇殘，連躺在地上發出呻吟的傷者都不放過，警方形容，案發現場有如大屠殺場景，共有周刊總編輯在內的十名員工與二名警察，合計十二人喪命，另有十人受傷，五人性命垂危，被法國媒體形容為法國史上最駭人的恐怖攻擊事件。

事發後，法國總統歐蘭德立即趕往現場，他表示這是一件恐怖攻擊事件，立即召開內閣緊急會議，商討對策，將法國全國的安全警戒提升至最高等級，並加強店鋪、宗教場所、傳媒機構與運輸工具的保安層級。

這次攻擊是哪個恐怖組織所幹的呢？二〇一五年一月十四日阿拉伯半島基地組織（AQAP）在Youtube公布一段影片，聲稱法國《查理周刊》的恐攻事件是他們所策畫的，目的是要報復該周刊以漫畫嘲諷伊斯蘭先知穆罕默德，而凶嫌果艾齊兄弟生前曾表示收過蓋達葉門分支的金援，但由於兄弟檔在二〇一四年曾自敘利亞返國，因此仍無法完全排除IS參與的可能性。[1]

攻擊《查理周刊》的暴徒攻堅模式與犯案手法

這次攻擊《查理周刊》的恐怖分子顯然經過精密策畫，針對特定媒體與工作者發動攻擊，從監視器拍到的畫面與聲音判斷，暴徒訓練有素，具有以下三個特點：

①黑色頭套與服裝

兄弟檔槍手全副武裝有備而來，除了戴頭套掩藏身分，還穿著有網袋狀設計的黑色服裝，這種網袋狀設計能攜帶額外彈藥，方便在激烈交火時可快速取用。

②開槍射擊模式

暴徒使用的AK47步槍是每次射擊一發，層次分明，可能是以半自動模式開槍，而不是隨意掃射，這種射擊方式就是全球軍隊使用的「雙連擊」戰技，也就是使用最少的彈藥以造成最多的傷亡。

③交叉掩護射擊前進

兩名暴徒前進時，採交互掩護方式，一人掩護射擊，讓另一個同伴前進，接下來兩人角色迅速互換，因此能持續以跳蛙式戰法向前推進，不會有人失去掩護，陷入危險。

法國《查理周刊》恐怖攻擊事件分析

《查理周刊》的大屠殺式攻擊手法，顯示法國的恐怖活動質量有了改變，不僅恐怖攻擊的火力提升到自動武器等級的重裝火力，攻擊手法也從鬆散的零星犯案提升成恐怖分子的計畫式協同攻擊，導致殺傷力更強。

作案的三名法國蒙面歹徒都擁有火力強大的AK-47重型突擊步槍，而且常到恐怖組織大本營所在地葉門，蓋達的分支機構也在那裡，據情報單位的說法，果艾齊兄弟檔曾在葉門見過蓋達在葉門分支的領袖。

如果蓋達組織涉案屬實，這將是隸屬葉門的蓋達組織，在二〇〇九年聖誕節企圖炸毀美國民航班機以來，第一起針對西方國家的恐怖攻擊事件。

另一方面，雖然近年來法國已成功化解多起恐怖攻擊陰謀，但《查理周刊》的攻擊事件顯示，法國的情報監控系統仍不夠完備，給了恐怖分子可乘之機，因此，法國情報單位需要重新檢視他們的情報蒐集流程，並加以補強。

《查理周刊》事件將會逐漸平息，但法國面臨的未來隱憂，是曾在敘利亞或葉門作戰的法國公民陸續返國，可能成為暴力極端組織潛伏在法國的沉睡細胞，成為法國未來面臨的重大威脅。

法國人用兩個行動支持《查理周刊》

法國人用以下兩個具體行動堅定表達對《查理周刊》的支持與悼念：

①攀上顛峰的《查理周刊》發行量

一九六九年創刊的《查理周刊》在槍擊案發生前，每期發行量約六萬份，但事件發生後的二〇一五年一月十四日，《查理周刊》發行法文版《倖存者特刊》，三百萬份在法國全面上市後馬上秒殺，雜誌社再加印二百萬份，最後總共印行八百萬份，創法國出版史上的新紀錄，至於二〇一五年二月二十五日正式復刊的《查理周刊》則印行二百五十萬份。

②法國團結大遊行

法國政府在二〇一五年一月十一日舉辦巴黎團結大遊行，展現反恐決心。遊行由罹難者家屬領軍，包括法國總統歐蘭德與德國總理梅克爾在內的四十四國元首則緊接在後，遊行期間，群眾沿途揮舞法國國旗，並高舉「我是查理」標語，表達支持言論自由的立場，反對恐怖主義；法國內政部估計，約有一百萬人參與了這場歷史性集會。

註1：AQAP是在二〇〇九年一月，由蓋達組織在葉門與沙烏地阿拉伯的分支合併而成，盤據葉門南部，被美國政府認定為最危險的蓋達分支。凶嫌之一的莫拉德在犯案不久，向警方自首，而另兩名凶嫌果艾齊兄弟在逃亡兩天後被警方擊斃。

5. 台北101大樓被IS攻擊的可能性有多高？還面臨哪些被攻擊的危險？

Twitter上的台北101大樓被攻擊的貼圖事件

二〇一五年二月二十五日疑似IS官方的一個Twitter帳戶，發布一張疑似攻擊台北101大樓的圖片，圖中可看到101大樓烈火竄燒，有如末日景象，貼圖中還寫著一段文字：「當伊斯蘭國攻擊你的城市，它將不會好看；阿拉允諾之日不遠了」，這張Twitter的貼圖引發民眾的聯想，立即在網路上熱烈轉發，形成當時關注的社會話題；此事也引起行政院的重視，啟動反恐緊急連絡機制，同時，涉外的相關外館也加強簽證資料的查核，以過濾可疑的外國恐怖分子進入台灣。

另一方面，美國在台協會（AIT）也重視這項安全威脅的訊息，並強調會與台灣合作防止暴力極端主義的進一步蔓延。

台灣在對抗IS扮演的角色

二〇一四年十一月美國國務院宣布台灣已加入全球的「對抗伊斯蘭國全球聯盟」，與美國等國家合作對抗IS；其實，台灣與國際合作對抗IS，並不在軍事援助項目，而是提供人道援助的救難物資給遭受IS攻擊而無辜受害的伊拉克和敘利亞難民；二〇一四年台灣提供伊拉克與敘利亞難民的人道援助金額約2億2千萬台幣，並會持續援助下去。

依據美國國務院當時提供的名單資料，全球有六十二個國家與美國聯手共同對抗IS，加入聯盟的亞太國家有日本、韓國、澳洲與紐西蘭等國，但不包括中國大陸。

台北101大樓被IS攻擊的可能性

當台北101大樓的貼圖事件發生時，有人問說：台灣是否已成為IS下一個恐怖攻擊的國家之一？但恐怖組織如要攻擊特定目標，一定先要有「動機」（為什麼要這樣做）與針對性，其次再談「意圖」（想造成什麼後果與帶來何種利益）與「能力」（有沒有能力做到），如果三者都有的話，那麼攻擊的可能性就大大提高；但IS為什麼要攻擊101大樓？這樣做的動機與利益在哪裡？光是要回答這第一個問題，就可知道現階段IS要攻擊台灣的可能性非常低。

目前IS攻擊的對象都是和美國站在同一陣線對抗IS的國家，但台灣只提供救濟物資給當地的難民，並沒有直接參與對IS的戰鬥，就這點而言，IS報復台灣的可能性也並不高。

此外，執行恐怖攻擊要有人做內應，才能裡應外合，提高行動成功的機率，IS就算派人到台灣進行恐怖攻擊，好歹台灣內部也要有人接應，否則人生地不熟，不僅浪費時間，也很容易讓自己的行蹤曝光。

在外交與國安體系多方查證後，結論是IS在Twitter上轉貼的圖片應該不是針對101大樓，而是做為歐美城市遭IS攻擊的象徵意思，還好是虛驚一場。

台北101大樓被誰鎖定？

台北101大樓遭恐怖分子攻擊的可能性低，卻是解放軍鎖定攻擊的首要目標。101大樓高度五百零八公尺，是全世界知名的建築物，不僅是信義計畫區時尚潮流的櫥窗與地標，也是大陸觀光客來台必訪的購物聖地；早在二〇〇六、二〇〇七年國安單位所做的評估，台北地區若遭受恐怖攻擊，以下的「軟目標」（指民用目標，非軍事設施等「硬目標」）會是恐怖分子的攻擊對象，除了台北101大樓外，還包括：松山機場、台北世貿中心國貿大樓、美國在台協會……等重要民用目標；至於恐怖攻擊的手法，可能有以下的方式：劫持及綁架人質、暗殺行動、炸彈攻擊、生物病毒或化學毒劑攻擊、破壞資訊網路設施、破壞給水及油電等民生設施、大眾運輸系統的破壞……等。

但是就如前面所說的，恐怖分子要先認定攻擊101大樓是「有利可圖」的，否則還不如到歐美國家進行恐怖攻擊來得划算，例如：攻擊101大樓是否能與歐美等國進行談判，是否能重創歐美社會、能帶來什麼利益……等，不然對於恐怖分子痛恨的西方國家而言，毫無損失，因此，恐怖分子要大費周章來台攻擊101大樓的風險是相對較低的。

此外，令人擔憂的反倒是101大樓成為中共短程彈道飛彈或巡弋飛彈鎖定攻擊的「軟目標」之一[1]，因為101大樓是台灣最高的大樓，人潮匯聚，據估計每日的上班人潮有一萬多人，造訪的人次也有三千多人，攻擊該大樓，不僅可導致重大傷亡，還能有效打擊台灣的民心士氣，達到威懾的心理效果。據了解，台北101大樓平時都有實施消防等安全演習，但並沒有針對解放軍飛彈攻擊的演練項目，因此，101大樓應聯合相關單位實施解放軍飛彈攻擊後的大樓救災、人員疏散演習與傷患救助後送的綜合演練，較能切合實際情況的需要。

註1：解放軍可針對台灣的軍事、政治與經濟目標進行飛彈攻擊，指揮中心、雷達站……等屬於軍事目標，總統府為政治目標，而台北101大樓則屬於高價值的經濟目標，這是「一籃子」目標的概念，而非僅針對101大樓單一目標進行攻擊，目前對岸解放軍約有一千二百多枚飛彈瞄準台灣。

6. IS會對中國造成威脅嗎？什麼是「絲綢之路經濟帶」？IS和它有什麼關係？

IS意圖染指新疆的四個線索

要說IS與中國大陸之間的連結（交集），應該就是新疆問題了。因為新疆的大部分居民都是信奉伊斯蘭教的維吾爾民族，也有疆獨勢力的存在，雖然新疆目前並沒有出現例如蓋達或IS等極端暴力組織的複製版，但以下四則關於IS意圖染指新疆的線索與跡象，讓中國大陸不敢掉以輕心。

①二〇一四年IS曾公開宣稱五年內將攻入中國新疆，建立包括西班牙、西亞、北非、中亞、印度與新疆等地在內，一個版圖遼闊、橫跨歐亞非三大洲的伊斯蘭帝國，以實現歷史上四大「哈里發」時期的往日榮光。

②二〇一四年三月的雲南昆明火車站與七月新疆莎車的恐怖攻擊事件，有證據顯示新疆恐怖主義、極端主義與分裂主義（疆獨）在內的三股勢力，有與IS匯流的趨勢；尤其是新疆的「東突」可能得到IS的支持，包括資金、武器與恐怖訓練等。[1]

③二〇一四年九月IS領導人巴格達迪在夏季齋戒月開始前的二十分鐘演說中，列舉加入IS的十二國戰士，其中之一就是中國大陸，他說在「穆斯林權利遭強制剝奪」的國家名單中，大陸名列第一。

④二〇一五年二月IS將中國大陸新疆省畫設為「伊斯蘭國」版圖的一部分，不排除已有中國籍的聖戰士偷渡出國參加IS的聖戰或接受軍事訓練後，再奉命回到中國發展組織，或是成為潛伏的「沉睡細胞」，伺機進行恐怖攻擊。

IS對習近平倡導的「絲綢之路經濟帶」的威脅

二〇一三年九月中國大陸國家主席習近平提出在「一帶一路」的頂層設計下，共同建設「絲綢之路經濟帶」的構想，這是出於戰略利益上的考量，為了突破美國與日本自東方海上對中國大陸的圍堵與封鎖，習近平想從東邊的反方向西進整合經濟帶相關路線上的國家經濟體，自成一個經濟體系，使大陸能取得與歐美競爭的戰略主動權。

二〇一三年中國大陸與絲綢之路經濟帶的陸路沿線國家，合計以能源貿易為主的進出口貿易總額達6千多億美元，約占大陸對外貿易總額的15%，而絲綢之路經濟帶沿線國家的GDP則占世界總額的55%，合計擁有全球總人口的70%與世界能源資源的75%，讓新絲路經濟帶成為全球經濟的大動脈，這就是習近平推動「絲綢之路經濟帶」背後的主要動機與考量。

但習近平推動「絲綢之路經濟帶」的構想，目前受到兩方面的挑戰：

①由於IS就位在這條經濟帶的範圍內，因此，IS的崛起與建國已成為「絲綢之路經濟帶」大戰略的一大威脅。

②中國在伊拉克的投資與利益相當龐大，在能源利益與新絲路經濟帶戰略的考量下，大陸必須成為穩定中東地區政經情勢的連帶保證人，否則，一個動亂的西亞地區絕不符合中共的國家利益，而絲綢之路經濟帶的計畫也將只是海市蜃樓的幻影而已。[2]

註1：目前對中國大陸最有威脅的兩個境外恐怖組織是「烏茲別克伊斯蘭運動」（IMU）與簡稱「東突」或「東伊運」、代表疆獨勢力的「東突厥斯坦伊斯蘭運動」（ETIM），也稱為「東突厥斯坦伊斯蘭黨」（TIP））。

註2：大陸自二〇一三年起就積極向全球行銷「一帶一路」的構想，「一帶」指的是「陸上絲綢之路經濟帶」，「一路」則指「二十一世紀海上絲綢之路」，二〇一五年四月大陸發布具體路線圖，象徵「一帶一路」開始全面推動；「一帶一路」是大陸的政經新戰略，將歐亞大陸做重新連結，企圖形成全球跨度最大、縱深最長的經濟整合與戰略地帶，而所帶動的經濟規模高達21兆美元，牽涉的國家人口達四十四億人，可將中國大陸置於全球戰略棋盤的核心，進而壓制美國的獨霸地位。

六、美國對付IS所投入的資源與IS的最終結局

1. 可隨時監控IS動態的美國國家安全局是什麼樣的單位？

美國國家安全局簡介

IS自二〇一四年六月建國後，隨聲勢上漲積極招募網路資訊人才，為計畫對美國與其他西方國家發動大規模的駭客攻擊做好準備，IS最痛恨的美國政府機構中，以多次阻擋其駭客攻擊的國家安全局（NSA, National Security Agency）莫屬。

看過一九九八年由威爾・史密斯主演的《全民公敵》（*Enemy of the State*）這部電影的民眾，應該會對神通廣大的國家安全局利用人造衛星監聽的本領感到不可思議。美國國家安全局的確存在，隸屬於美國國防部，總部位於美國馬里蘭州巴爾的摩市以南的米德堡（Fort Meade），占地三百五十公頃，有員工專屬的高速公路出入口；人員編制是美國中央情報局（CIA）的兩倍，二〇〇一年911事件後，國安局預算增加一倍，年度預算達1百億美元，是美國政府中最龐大的情報部門、最強大的電子情報單位，可能也是全世界最大的情報機構。

美國國家安全局的兩大任務

美國國安局是在一九五二年由當時的杜魯門總統下令成立，而在這之前，美國各軍種與其他情報單位各有各的通訊情報部門，為有效整合情報資源，於是成立了國家安全局；它的任務和一般所知的中央情報局（CIA）與聯邦調查局（FBI）有所不同，後兩者主要是派出外勤探員在外從事情報蒐集或調查偵防等工作，只是中央情報局負責美國以外的全球情報工作，聯邦調查局則負責美國國內的情報蒐集任務，也包括國內的犯罪調查及緝捕罪犯等工作（視犯罪情節輕重是否需提升到聯邦等級）。

而國安局的任務型態則和兩者完全不同，它從事的是一場無聲的戰爭，但激烈程度不下於真實戰場上的兵戎相見，它有兩個情報任務，其中最主要的是監聽全世界所有通訊活動的「訊號情報」，簡單地說，你的市內電話、傳真、手機簡訊、電子郵件、Facebook與Line等社群媒體乃至無線電聯繫，全在它的情蒐範圍內，所用的利器包括局本部的各種精密設備及超級電腦，還有分布於全球的衛星及天線，加上可在全世界移動的軍機及船艦等活動耳目，構成一個龐大的情報蒐集網路。

二〇一三年九月，在猶他州鹽湖城附近，一棟花費15億美元所蓋的最新式偵監中心，落成啟用，加入情報蒐集網路的陣容；而被截收的大量通訊，則透過國安局總部不斷匯入超級電腦儲存，再篩選出具有情報價值的資料，方法則是電腦先鎖定特定的人名、電話號碼及各類的關鍵字詞，優先抽離出來做比對分析，至於加密保護的資料則送到超級電腦解碼，如果是使用暗語通訊的資料就交給總部的語言學家破譯；美國掌握到的恐怖分子行動計畫的情報，通常都最先來自國安局所截獲的電話、簡訊與電子郵件等通訊內容。

國安局還有另一項重要任務，就是保護美國政府及軍方的秘密通訊，它有專門的單位設計編碼工具及提供通訊安全的設備給政府或軍方要員使用。

正因任務特殊，國安局的保全及安檢設施相當嚴格，即使是每天要丟棄的二萬公斤機密文件，都不使用碎紙機處理，而是先送到廢紙處理機絞爛，再做成再生紙的紙漿重複使用。

二〇一五年六月美國國會廢止911事件後，美國國家安全局以對抗恐怖主義為名，全面監聽並儲存大量美國人民通聯紀錄的「愛國者法案」，取而代之的是參議院所通過的眾議院替代版「美國自由法案」，總統歐巴馬也已立即簽字生效，這是美國監聽法數十年來第一次的重大立法改革。

這項法案讓情報機關可以繼續蒐集情報，但大幅限制其權限，往後包括國家安全局在內的情報單位必須先向海外情報監控法院申請許可，才能要求電信公司提供特定人士的通聯紀錄。

美國國家安全局的「特定入侵行動辦公室」小組

針對很難入侵的目標資料，國安局下面還設有一個由駭客菁英團隊組成的「特定入侵行動辦公室」（TAO, Tailored Access Operations），他們擁有一系列的高科技裝置，專精於竊取「最艱難目標」的資料，如果再加上美國國安局正在研發、功能強大到足以破解所有加密程式的「超級量子電腦」能夠成功，對於TAO小組更是如虎添翼；德國《明鏡周刊》在二〇一三年曾經引用美國國安局的內部文件，說明TAO的任務就是「拿到不可能拿到的東西」，而他們也真的拿到一些相當寶貴的重要情資。

寫過多本關於美國國安局書籍的班費德（James Bamford）曾說，美國在第二次世界大戰後成立國安局，是要避免類似日本對珍珠港的突襲攻擊重演，但國安局「隨後漸漸轉型成史上最大、最隱密和可能是最具侵犯性的情報機構」。

美國負責整合情報三巨頭的新單位——「網路威脅情報整合中心」

二〇一五年二月美國為因應未來網路攻擊增多與愈趨多樣化、破壞力更強的趨勢，宣布成立由國家情報總監（NID）管理的新單位「網路威脅情報整合中心」（CTIIC），該團隊約由五十人組成，負責匯整來自美國情報三巨頭：聯邦調查局、中央情報局與國家安全局的情報，進行分析，目的在透過情資交換、共用分析結果對網路攻擊迅速做出反應。

號稱「三眼」的美國情報界三巨頭中，聯邦調查局的成立時間最早，中央情報局的預算規模最多，而國家安全局的編制內人員數則是最多，相當中央情報局的兩倍，加上中情局與聯邦調查局，美國情報界的編制人員約近十萬人。

中央情報局在三者中的預算最多，因為有許多情報員（有時被稱作「特工」或「探員」）需要到國外執行秘密任務，有時他們手邊還必須攜帶大量美金現鈔才能順利完成任務，例如：吸收線民、購買設備等。中央情報局執行的是「人員情報」，是最燒錢的單位，國家安全局執行的是「訊號情報」，負責攔截與破譯在空中傳遞的各種訊號，加上盤旋在中東地區上空、專門獵殺恐怖分子的無人作戰機（UCAV）的駕駛員與機具也歸中央情報局管，因此，中央情報局的預算才會一直居高不下。

專門負責部隊網路安全的「網路司令部」

二〇〇九年美國成立「網路司令部」（US Cyber Command），二〇一〇年十月開始運作，直屬於美國國防部的戰略司令部，任務在於保護美軍的電腦系統不被駭客入侵，並對敵方發動網路攻擊；網路司令部的總部位於美國馬里蘭州的米德堡陸軍基地，在防禦電腦網路、對抗駭客網路攻擊上扮演非常重要的角色。

美國情報界三巨頭的比較

名稱	成立時間	編制員額	年度預算規模	備註
國家安全局（NSA）	一九五二年	四萬人（估計）	105億美元	專門蒐集全球的訊號情報
中央情報局（CIA）	一九四七年	二萬一千五百人	147億美元	①負責美國以外的全球情報工作，權力比國安局還大，年度預算也最多。②在中東地區獵殺恐怖分子的無人作戰機，就是由中情局主導。
聯邦調查局（FBI）	一九〇八年	三萬五千人	81億美元	負責美國國內的情報蒐集任務，也包括國內的重大犯罪調查與緝捕罪犯等工作。

（註：表格中的「年度預算規模」為二〇一三年的資料）

2. 美國中央情報局因應IS有哪些改造計畫？飛翔在IS上空的「無人作戰機」是什麼樣的飛機？

美國中央情報局的組織改造

美國中央情報局是美國對外重要的耳目與執行者，近期為了對付前所未見的外部威脅IS，也為了能跟上國家安全局電子偵監系統先進技術的腳步，中情局認為有必要推動組織再造，二〇一五年三月宣布將啟動歷年來最大規模的重整，目標在提升網路與反恐作戰的能力，以因應各種網路威脅，將有助於對抗IS等擅長利用社群媒體與網路創新科技的武裝好戰團體。

具體做法是將中央情報局內部原本依地區別（例如：亞洲、中東、非洲）畫分的傳統組織，調整為依功能別畫分的新組織，牽涉到局內與海外兩萬多名人員、設備、辦公區等軟硬體項目，改造工程十分龐大。

為了達到改造的目標，中央情報局計畫成立十個任務中心，類似二〇〇一年911恐怖攻擊事件後成立的反恐中心模式，整合行動、分析、後勤、技術與數位等相關專業人員與技術，以因應國家最迫切的安全問題，並讓局內各單位具專長的人員專注處理特定情蒐主題或目標區。

其中新成立的「數位創新指揮部」，與原先已成立多年的四個指揮部享有同等地位，以引領中情局運用日新月異的先進網路科技，並加速各情報作戰區的數位與網路整合，以利情報偵蒐。

中央情報局現有的四大指揮部分別是：

①國家祕密勤務指揮部：將改名為「行動指揮部」，負責招募情報員與執行祕密任務。

②情報指揮部：將改名為「分析指揮部」，負責情資對照與分析。

③科技指揮部：負責情報員裝備的研發。

④後援指揮部：負責行政與後勤工作。

其中，①與②是中央情報局最重要的兩個單位，就像是中情局的雙手（do）與大腦（see）。

美國中央情報局對付IS的重拳——「無人作戰機」

無人機簡介

無人機（Unmanned Aerial Vehicle, UAV）可執行危險或超越飛行員生理極限的任務，例如長時間飛行、在惡劣天候與戰場等危險區域執行任務，它也為美國軍方提供一種低成本、具任務靈活性的戰鬥機器，同時，使用這類飛行器不會有飛行員傷亡的風險。

美國中央情報局也有一種在天上飛的厲害武器，連恐怖分子都會感到害怕，它可以長時間在天上飛，由另一個遙遠地方的駕駛員，透過飛機上的高解析度攝影機與衛星數據連線操控飛機，只要一發現地面目標，就可發射飛彈，瞬間奪人性命，它就是「無人作戰機」（Unmanned Combat Aerial Vehicle, UCAV），也有人稱它為「來自天上的無聲刺客」。二〇一三年美國有一萬一千架軍用無人機，其中，大部分的無人作戰機隸屬於中央情報局，執行獵殺恐怖分子的反恐任務。

無人機與無人作戰機的定義

全世界無人駕駛的飛機分為兩種，一種俗稱為「無人機」，是「無人飛行載具」的簡稱，廣義上為不需要駕駛員登機駕駛的各種遙控飛行器，一般專指軍方的無人偵察機；另一種俗稱為「無人作戰機」，就是將無人機裝上飛彈等武器而成，具備類似攻擊機的性能，可在戰場上獵殺恐怖分子，歐美媒體稱此種無人作戰機為Drone，中央情報局的無人作戰機就屬於此類。

由於感應器科技與電腦運算速度的突飛猛進，目前的無人機早已超越遙控飛機的概念，在執行軍事任務時，擁有無可匹敵的優勢，由於不具有人工智慧（A.I.）的功能，這也是它還需要駕駛員遙控飛行的原因。

無人機從字面上容易讓人誤解，以為飛機上沒有駕駛員，這點也沒錯，但還是有駕駛員從地面上遙控駕駛，例如：許多在伊拉克、阿富汗與巴基斯坦上空執行任務的無人作戰機，就是由位在地球另一端的美國室內駕駛員所操控，因此，「無人機」的說法並不精確，美國空軍已經為它正名，改稱為「遠地駕駛載具」（Remotely Piloted Vehicles, RPV）或「遠地駕駛飛機」（Remotely Piloted Aircraft, RPA）。

中央情報局的無人作戰機

中央情報局的無人機有不同的機型，最知名的是稱為「死神」或「收割者」（Reaper）的MQ-9無人作戰機，它可飛行於雲層之上，具偵察與攻擊雙重功能，是美國第一款專門設計做為獵殺用途的無人機，可攜帶兩枚AGM-114「地獄火」飛彈，即使恐怖分子藏身於鋼筋混凝土建築物，也會在瞬間化為一片廢墟，可見飛彈威力十分強大。

二〇一四年二月有媒體報導說美軍正在研製一款外形酷似X-47B的最新「隱形」（就是敵方的雷達探測不到的意思）無人作戰機RQ-180，不僅隱形能力更強，還能夠進行電子戰，未來RQ-180將由美國空軍與中央情報局共同掌控。

二〇〇二年中央情報局第一次在葉門執行無人作戰機的攻擊任務，最知名的攻擊事件發生在二〇一三年十一月的巴基斯坦西北部地區，中央情報局的無人機發射兩枚飛彈，炸死巴國的塔利班游擊隊首腦梅蘇德（Hakimullah Mehsud）；911事件後，美軍執行的「目標鎖定狙殺」（targeted killings）任務中，據估計95％都是由無人作戰機完成。

即使無人作戰機有這麼多優點，有時還是會誤炸平民，導致傷亡，依據聯合國調查，美國在二〇〇四～二〇一三年，因無人作戰機的空襲造成約五百名平民喪生，人數遠比美國政府承認的要多。美國好萊塢電影《巡弋狙擊手》（*Good Kill*），講的就是無人作戰機駕駛員內心世界與人性掙扎的故事。

其他厲害的無人機——美軍的「全球鷹」偵察機與X-47B攻擊機

當今全球首屈一指的無人機就是美軍的「全球鷹」（Global Hawk），它是目前世界上飛行時間最長、距離最遠與高度最高的無人偵察機，翼展長度超過波音747客機，可完成跨洲際飛行，到達目標區後，滯空時間可長達四十二小時，且能在二十公里高空進行晝夜偵察，準確識別地面各種車輛、武器、飛機與建築物的類型，既可進行大範圍的雷達搜索，又可提供大面積目標的各種照片，有人說只需要一～二架「全球鷹」就可監控某個國家。美軍已於二〇一五年五月於日本三澤基地部署兩架「全球鷹」長程無人偵察機，以監控中國海空軍的一切行動以及北韓可能的核試驗。

另外，美國海軍的X-47B是人類歷史上第一架不需人工遙控、完全由電腦駕駛的無尾翼、噴射式無人機，也是第一架能夠從航空母艦上起飛並自行降落的隱形轟炸機，被稱為未來航空母艦上的隱形殺手，也是航空母艦的下一世代主力艦載機。

3. 讓IS感到芒刺在背、地表最強的美軍反恐特戰部隊是什麼樣的軍種？

美軍特種部隊知名的出擊事件

我們有時會在美國好萊塢電影或報章雜誌上看到美軍特種部隊的身影或報導，這些特種部隊戰士是目前美國對付與刺殺恐怖組織成員的主力部隊，最知名的獵殺與生擒恐怖分子的事件有：

①二〇一一年，「海豹」特種部隊在巴基斯坦成功擊殺蓋達組織領導人賓拉登。

②二〇一三年，「三角洲」特種部隊在利比亞活捉策畫一九九八年東非美國大使館爆炸案的元凶——阿布・阿納斯・利比（Abu Anas al-Liby）。

③二〇一五年五月，「三角洲」特種部隊搭乘黑鷹（Black Hawk）直升機與V-22魚鷹（Osprey）運輸機，突擊敘利亞IS高層領導人阿布薩亞夫（Abu Sayyaf）的住處，將他與十幾名IS聖戰士擊斃，並活捉其妻奧姆薩亞夫（Umm Sayyaf），帶回伊拉克軍事基地偵訊，順利完成任務，這也是美軍第一次派地面部隊進入敘利亞。

與一般的軍隊不同，美國的特種部隊是一支很特別的單位，可深入敵後執行一般常規部隊做不到的特別任務，例如：狙殺或生擒恐怖分子、解救人質、爆破、蒐集情報等，其實「特種部隊」只是一個概念上的名稱，並不是部隊的正式稱號，它分散於不同軍種，較知名的有陸軍「三角洲」特種部隊、海軍「海豹」特種部隊，正因為執行的是極度危險的特別任務，因此隊員在體能及戰技上的要求特別嚴格，受訓期間採淘汰制，通過嚴格訓練及考核通過的隊員，都是部隊中的菁英分子。

美軍「特種作戰司令部」簡介

美國與恐怖分子的作戰其實是一場「不對稱戰爭」（非常規戰爭），不是像以前的美蘇「冷戰」（cold war）時期，有一個清楚可辨識的敵人存在；恐怖分子人數雖不多，但總是躲在暗處，伺機製造大規模的恐怖攻擊事件，讓人防不勝防。

美國捉拿與殲滅恐怖分子的全球反恐作戰是由一九八七年成立、位於美國佛羅里達州坦帕市（Tampa）、簡稱「特戰司令部」的「特種作戰司令部」（SOCOM）負責，特戰司令部是指揮美國陸軍、海軍、空軍與海軍陸戰隊所屬特種部隊的「聯合作戰司令部」（Unified Combatant Command, UCC），擁有近七萬名的特種部隊戰鬥人員與有「夜行者」（Night Stalkers）美譽的第一六〇「特種作戰航空團」（SOAR），該航空團配備黑鷹直升機，可載運突擊部隊執行特種作戰任務；二〇一五年特戰司令部的預算是77億美元，較二〇一四年增加10％。

911恐怖攻擊事件前，特種作戰司令部只負責特戰隊員的訓練，特戰司令部本身並沒有作戰策畫參謀，特種部隊的作戰指揮權在中央指揮部、太平洋指揮部……等作戰指揮官的手上；但911事件後，情況有了變化，美國國防部授權特種作戰司令部，負責全球的反恐作戰，擁有策畫執行獨立機密任務的能力與權限，例如：狙擊蓋達或IS高層領導人。

美國的全球反恐計畫

美國911事件後，特種作戰司令部負責擬定一份具體詳實的美國反恐配套計畫，於二〇〇六年三月開始依照計畫執行美國在全球的反恐戰爭，往後只要美國遭遇重大的恐怖攻擊事件，就能更快速果斷地展開報復行動。

這份全球的反恐計畫特色在於軍方的角色明顯擴大，尤其是精銳的特種作戰部隊在伊拉克、敘利亞與阿富汗等戰區執行任務的情況將明顯增加。

反恐計畫共有三份計畫書，包括一個主計畫與兩個次要的配套計畫，內容涵蓋各種公開及秘密的軍事行動，例如：攻擊恐怖分子訓練營地、破壞恐怖組織招募成員的行動、針對恐怖組織網路的情報蒐集和追緝行動，以及與外國軍隊合作掃蕩恐怖分子藏身處等。

全球知名的美國特種部隊簡介

隸屬於美國特種作戰司令部的特種部隊包括海軍「海豹」部隊、陸軍「三角洲」與「綠扁帽」特種部隊等，現在加以說明如下：

美國海軍「海豹」特種部隊

成立於一九六二年的美軍海豹（SEAL）特種部隊，是美國海軍一支陸海空三棲的作戰部隊，編制二千四百人，隊員不但要能執行陸上特種作戰任務與水下偵察任務，還要能以空降的方式，秘密前往戰區，滲透敵軍。

這是一支直屬於美國海軍的特種部隊，同時也是世界知名的三棲部隊，公認是世界上實力最強的特種部隊之一，透過媒體的傳播，令人印象最深刻的是槍法高強的海豹部隊狙擊手，電影《美國狙擊手》（*American Sniper*）與改編自真實事件的《紅翼行動》（*Lone Survivor*），講的都是美國海豹特種部隊狙擊手的故事。

美國陸軍「三角洲」特種部隊

成立於一九七八年的美國三角洲（Delta）特種部隊，是當今全球規模最大與裝備最齊全的反恐作戰部隊之一，部隊編制二千五百人，美國政府從來沒有向外界正式承認過此部隊的存在，只稱他們為行動人員或執行部隊。

美國電影《黑鷹計畫》（*Black Hawk Down*），就是以這支神秘部隊在索馬利亞的軍事行動做為故事背景。

美國陸軍「綠扁帽」特種部隊

成立於一九五二年的美國陸軍特種部隊因成員平時戴綠色貝雷帽，因而俗稱「綠扁帽」（Green Berets）部隊，這支部隊擅長叢林中的滲透作戰，在越戰中屢建奇功，被譽為「地球上最強悍的人種」，美國中央情報局下面的特別行動小組（SOG）經常招募綠扁帽隊員參與秘密任務。

由美國演員席維斯・史特龍飾演「藍波」（John Rambo）的《第一滴血》（*First Blood*）系列電影，講的就是綠扁帽退伍軍人的故事。

美國特種部隊未來面臨的挑戰

二〇一一年美軍撤離伊拉克後，照理說隨著駐外任務的減少，特種部隊可在經歷了十幾年的海外戰鬥後獲得休整與喘息的空間，但二〇一五年美國國防部一份預算概要顯示特種部隊的外派需求不減反增，作戰裝備耗損快，人員的調動節奏更加緊張，導致特種部隊面臨強大壓力，使得美國特種部隊在二〇一四年的戰備狀態出現衰退。

美國特種部隊面臨的全球需求持續增加，在可想見的未來，美國特戰指揮部在反恐作戰及任務上，將扮演愈來愈吃重的角色，其成效也將牽動美國反恐戰略在全球的部署與調整。

4. 美國反恐專家有關伊拉克的「神預言」到底說了什麼？

二〇一四年六月IS攻陷伊拉克首都巴格達附近的戰略要地後，就沿幼發拉底河長驅直入，想一舉攻入巴格達，當距目的地只有四十八公里時，美國與伊拉克當局才如大夢初醒般驚慌失措。其實在更早之前，美國反恐專家就曾提出關於伊拉克未來命運的五大預測，警告美國政府需事先做好因應之道，否則伊拉克將成為暴力衝突的動盪地區。

回頭檢視專家當時提出的五項預測全都應驗：

預言①：美國粗暴下令解散海珊時代的軍隊，將成為伊拉克新政府的毒瘤

二〇〇三年以美英為首的聯軍入侵伊拉克時，當時還在海珊政權統治下的伊拉克，擁有一支三、四十萬名士兵的龐大軍隊，但就在海珊政權垮台後，美國強迫數十萬名的伊拉克軍隊就地遣散，而通曉戰略、戰術與其他軍事知識的高階軍官，不僅沒有遣散費，美軍也不准他們投靠新政府軍，為了養家活口，只能忍氣吞聲地找尋出路。

美國犯下了大錯，事後證明這是一個非常不智的做法，就在這批軍人走投無路的當下，IS彷彿成了他們唯一的出路與救星，懷著對美國與其他西方國家的仇恨與報復心理，大批海珊時期經驗豐富的軍官與士兵選擇加入IS，讓IS不費吹灰之力就免費得到一批訓練有素的現成部隊，後來這些人成為IS戰士的核心班底與骨幹，比伊拉克新政府軍更善於作戰，成為蠶食鯨吞伊拉克領土的惡性腫瘤。

預言②：伊拉克IS的「外溢效應」，將讓敘利亞的內戰更為嚴重

IS原本只是蓋達恐怖組織的一個伊拉克分支單位，後來敘利亞因阿拉伯之春的影響，爆發內戰，由於伊拉克與敘利亞的領土接壤，讓原本盤據伊拉克北部領土的IS逮到機會，可輕易跨境跑到敘利亞，擴大製造動亂，造成「外溢效應」的後果，這是歐美惡夢的開始，因IS占領伊拉克與敘利亞兩國的北方領土後，成為一個更強大的自治實體與作戰機器。

預言③：同屬伊斯蘭教的遜尼與什葉兩大教派的衝突無法解決

二〇〇三年前總統海珊的政權垮台後，繼任的伊拉克新政府犯下的最大錯誤，是沒有第一優先處理國內遜尼與什葉兩派的穆斯林和解事宜，近年來，兩大教派之間的關係日趨緊張，引發一波波的暴力衝突；由於遜尼派是伊拉克的少數群體，他們經常遭到什葉派政府的歧視與修理，等

到遜尼派的極端成員組成IS崛起後，就順理成章地成為伊拉克遜尼派穆斯林的希望與救星，從此伊拉克永無寧日，兩大教派的和解遙遙無期。

預言④：美軍撤離伊拉克等同「開門揖盜」

二〇一一年年底當美軍全面撤離伊拉克時，連象徵性的駐軍都不留下，這是在開門揖盜，為有心作亂者在伊拉克這個權力真空地帶大開方便之門。

美軍撤離伊拉克是個錯誤決定，將整個伊拉克與周邊地區推到一個危險的境地，取而代之的是伊拉克的各個派系開始合縱連橫，一場腥風血雨的殺戮隨之而來；只有美國、土耳其或伊朗的軍事介入才能阻止IS全面接管伊拉克，尤其是美國投入地面部隊作戰才是快速穩定伊拉克政經局勢的唯一方法。

預言⑤：受限於派別約束，伊拉克難以團結禦敵

伊拉克軍隊受限於多種因素，呈現缺乏紀律、訓練不良與領導無方的現象，很難期待伊拉克軍隊在對抗IS上有優異的表現，而伊拉克內部的不團結，才是最大的致命傷，因為伊拉克人民有一個根深蒂固的觀念，就是效忠自己的民族宗教派別，比效忠國家還重要，導致伊拉克政府與什葉派以外的教派關係不佳，因此，伊拉克很難組成一個信念一致的反IS軍隊。

5. 以美國為首的二十三國聯軍為什麼無法擊敗IS？

美國組建對抗IS聯軍的經過

二○一四年六月IS攻城掠地建立伊斯蘭國後聲勢上漲，美國為了遏止IS的攻勢，但又不想派出地面部隊，只好以空襲的方式轟炸IS，從二○一四年八月到十月底，空襲次數已高達二千多次，但由於缺少地面情報的指引，只能像瞎子摸象般狂轟濫炸，導致成效不大。

二○一四年九月美國不想單打獨鬥，總統歐巴馬在北約峰會邀請英國、法國、德國、義大利、澳洲、加拿大、波蘭、丹麥與土耳其等九國組成「核心同盟」，提出共同對抗IS的三大戰略：一是持續空襲IS據點，二是支援敘利亞溫和派反抗軍收復遭IS攻陷的城鎮，三是號召中東盟邦一起加入對抗IS的陣營。

為了擴大反IS陣營的規模，二○一四年十月，美國總統歐巴馬又和來自二十二個國家的軍事領導人進行會談，討論組成一支含美國在內的二十三國聯軍共同打擊IS，但到目前為止，以美國為首的聯軍取得的戰果並不如預期，即使有這麼多國家攜手合作，也進行了無數次空襲，二○一五年五月，IS還是有能力接連攻占伊拉克最大省分安巴爾的首府拉馬迪與敘利亞西部古城帕米拉（Palmyra），可見IS並沒有因為聯軍的轟炸而喪失戰鬥力。

二十三國聯軍無法打贏IS的六大原因

很多人都在問：為什麼IS這麼難打？是IS太強，還是美國組成的聯軍太弱？歸納起來，美國等聯軍無法有效壓制IS有六點原因，依重要性排列如下：

①各國各有算計，沒有團結在一起，全力以赴參戰

IS難打，其實真正的問題不在於軍事問題，而是政治問題，二十三國中，有些國家曾經支援過IS，是否有決心攻打IS，是一大問號；此外，參與聯軍行動的阿拉伯國家分屬伊斯蘭教中的遜尼或什葉派，各有各的利益考量，在分配作戰任務方面很難協調統一。

②美軍死守絕不派地面部隊與IS作戰的策略

美國總統歐巴馬打擊IS的策略，就是美國絕不派地面部隊重回伊拉克與IS交戰，這也是IS無法被消滅的重要原因。要徹底剿滅IS，沒有地面部隊的交戰、推進與占領很難成功。

③IS的組織結構嚴密，不是一般烏合之眾

IS與之前的恐怖組織不同，不是由一群烏合之眾組成的雜牌軍，這可從IS的宣傳戰與軍事作戰上看出；儘管與一般國家的軍隊人數相比並沒有很多，但IS具有嚴密的自上而下、各自分工的組織，已經與一個政府沒什麼不同。

更重要的是，IS的領導人中有很多是從歐美等大學拿到博士學位的高級知識分子，甚至本身就是西方人，熟悉西方的政治、經濟與社會情況，因此，在做決策時，比較不會犯下致命的錯誤決策。

④IS的資金充足且源源不絕

IS是目前最富有的恐怖組織，靠著控制伊拉克與敘利亞的十幾個油田，每天都有現金入帳；雖然以美國為首的聯軍空襲IS的油田設施與石油精煉廠，並設法切斷它的資金來源，但目前IS似乎還有能力購買所需要的一切事物。

⑤IS成員戰鬥力強，經驗豐富

IS聖戰士有豐富的作戰經驗，戰鬥力強，在與敘利亞政府軍作戰的過程中累積了豐富的實戰經驗，成為敘利亞反政府武裝組織中最強大的一支軍隊，導致多國聯軍與IS交戰並不順利。

⑥IS反偵察能力強，空襲無法成功

美軍目前的策略仍以空襲IS目標為主，但空襲很難消滅IS，因為IS並沒有制定統一的軍服，他們的聖戰士大多穿著便裝，使用民間車輛，從外觀上很難分辨，如此一來，聯軍就無法鎖定目標加以攻擊。

而且在占領城市後，IS聖戰士會化整為零，不會集中在一個地方等著挨打，在缺乏地面偵察與情報蒐集的情況下，聯軍根本無法判斷哪些是IS士兵或平民，這嚴重影響了空襲效果；此外，IS也特地為聖戰士撰寫教導手冊，指導他們如何躲避聯軍的空中偵察與地面攻擊。

6. 美國總統歐巴馬對IS有哪些可能的做法與選項？IS的最終結局會如何？

美國對付IS的選項與做法

美國總統歐巴馬對付IS有下列不同的戰略選項，但都很難實現：

①第一選項：空襲

美軍已經對伊拉克與敘利亞兩地的IS據點進行空襲，伊拉克的情況較為單純，因為目前的伊拉克政府基本上是由美國扶植，但敘利亞的阿塞德政權是與美國敵對的國家，背後有俄羅斯勢力在撐腰，雙方互不信任，在缺乏互信的基礎下，美國的任何軍事行動都有可能事倍功半。

此外，IS也有一套反制做法，知道如何躲過美國戰機的偵察與空襲，因為空中打擊對IS的少數、分散與飄忽不定的人員很難達到預期的成效。

②第二選項：扶植敘利亞的民兵對付IS

敘利亞經歷內戰以來，戰場上已出現不少反阿塞德政府的民兵（反叛軍），而這些民兵與阿塞德政權有一個共同敵人，就是IS，既然美國不想與敵對的阿塞德政權合作，剩下的做法就是與立場較不極端的民兵派系合作，例如：敘利亞自由軍，由美國提供他們軍事訓練和武器裝備。

但美國扶植的這些民兵組織可能成為扶不起的阿斗，最後被IS打得落荒而逃，到時美國提供的武器裝備就會落入IS手中，反而更加壯大IS的實力，因此，這個策略並不切實際。

③第三選項：切斷IS資金來源

眾所周知，IS擁有龐大資金，以供應聖戰士充足的武器裝備與後勤補給，美國也有凍結IS銀行帳戶的做法，禁止任何個人或組織提供IS金援。

但這種做法必須要有銀行的配合，並經過一段時間才能見效，有時間上的落差，更何況IS手中都是滿滿的現金，根本不怕銀行帳戶遭凍結的這種反制手段。

④第四選項：建立反IS的國際聯盟

IS四處攻城掠地，讓與敘利亞有領土接壤的約旦與土耳其膽戰心驚，也讓不相鄰的其他中東國家個個自危，讓IS成為中東與國際的公敵，這是美國在解決IS問題上的優勢。

因此，美國出面整合這些國家，成立反IS的國際聯盟，倒也合情合理，只是現實因素，加上國家之間教派立場的不同，讓聯盟的功效不彰，而且不是短期內可以解決的。

IS的最終結局

最後我們要問IS最後的結局會如何？是能如願以償地在未來建立一個橫跨歐亞非的伊斯蘭帝國？還是被以美國為首的聯軍消滅殆盡？當然，IS要先通過與多國聯軍交戰的考驗，才能實現未來帝國的夢想，但光要通過第一關就很困難。

美國派出地面部隊圍剿IS只是時間問題，無論是在美國總統歐巴馬的最後任期或下一任美國總統任期內，出動地面部隊是戰略選擇的上策，但必須先取得伊拉克與敘利亞政府的合作，以防止IS成員在兩國間來回流竄，成為貓捉老鼠的遊戲。

IS雖有嚴密完整的軍隊組織，但最大的致命傷在於沒有自己的空軍，也沒有足夠的精密防空武器來對付聯軍的戰機，也就是IS根本沒有制空權，一旦國際聯軍開始進攻IS在伊拉克與敘利亞的占領區，會先以空襲轟炸揭開序幕，地面上擺好防禦陣勢的IS聖戰士就只能等著挨打，完全無法還手；此外，IS的地面部隊也有很大的問題，他們普遍缺乏重武器與能操作此類武器的專業操作員，例如：坦克、裝甲車、重型火砲……等，有些重武器因為長期缺乏保養維修，導致「妥善率」偏低。

未來在以美國為首的聯軍採陸空夾擊的戰術下，IS可能會有兩種結局：

①IS高層先搶錢再落跑，成為現代版的「梁山盜匪」

眼看自己的組織快垮台，IS高層可能會先將現鈔與值錢的骨董搜刮一空，再做鳥獸散，如果真走到這一步，那就證明IS一直都在跟人民說謊，欺騙人民，什麼聖戰、為真主復仇之類的話，都是假的，如此一來，IS與那些監守自盜的匪徒並沒什麼不同，這是IS的信仰與理念的崩解之日。

②IS化整為零，流亡海外或留在當地繼續奮戰

IS戰士的損耗速度很快，陣亡人數不斷攀升，依美國國務院的說法，自二〇一四年九月到二〇一五年六月為止，美軍九個月來的空襲行動已殲滅超過一萬名IS戰士，約占IS總兵力的$\frac{1}{3}$。但IS也不斷招募新成員，因此很難確切知道IS現有部隊的實際人數。

二〇一五年四月的聯合國報告說，加入蓋達恐怖組織與IS的二萬五千多名外國聖戰士來自一百多個國家，如果IS被打敗，可能導致這些有豐富戰鬥經驗的外國聖戰士流竄到世界各地，製造恐怖攻擊事件，導致全球發生新一波的安全威脅災難。

當然也有些IS聖戰士會選擇留在伊拉克或敘利亞境內，混入當地的平民百姓中，先蟄伏一陣子，等到時機許可，就會重出江湖，重新製造恐怖攻擊事件，並伺機占地為王，就像是「野火燒不盡，春風吹又生」的寫照。

這時，IS逐漸成為伊拉克與敘利亞兩地的「慢性病」，雖不會致命，但會讓伊拉克與敘利亞政府感覺如魚刺在梗。

附錄

美國參議院「武裝力量委員會」有關ISIS的聽證會內容

二〇一四年六月伊斯蘭國建國後，接著在二〇一四年九月十日美國總統歐巴馬宣布新的反恐戰略一周後，美國國會最具實力的常設委員會之一，也就是參議院「武裝力量委員會」（Senate Armed Services Committee, SASC）在二〇一四年九月十六日舉行聽證會，邀請美國國防部長哈格爾（Chuck Hagel）與參謀首長聯席會議主席鄧普西（Martin Dempsey），就「美國對伊拉克與敘利亞的政策與ISIS的威脅」作證[1]，目的在為授權歐巴馬訓練和裝備敘利亞反抗軍做準備。

在三個多小時的聽證會中，二十六名參議員輪番質詢，包括委員會主席在內的一些參議員支持歐巴馬採取有限的軍事行動，但參議員們關注的主要問題，透露出美國對打擊ISIS的一些困惑與糾結，更重要的是，問了一個問題後，又延伸出更多無解的問題，顯示美國對ISIS情報蒐集嚴重不足的窘境。

以下是美國參議院武裝力量委員會的聽證會內容，共有十個主要問題（資料來源為《中國新聞網》）：

一、ISIS 究竟有多大能耐？

哈格爾表示，ISIS 利用敘利亞內戰和伊拉克教派衝突而壯大，手段包括暴動、恐怖攻擊與傳統軍事行動等多個方面，現在已經對所有中東國家、美國及其歐洲盟友構成真實的威脅。

多數議員同意這一說法，但對 ISIS 的能耐到底有多大，哈格爾卻表示沒有得到確切的情報；有議員說，美國中央情報局之前估計 ISIS 的軍力規模為一萬多人，但最近卻改口說軍力可能高達三萬一千五百人，美國對 ISIS 的實力是否有全盤掌握？又掌握多少？

二、敘利亞反抗軍（反阿塞德政權）是否能完成美國賦予的使命？

歐巴馬政府要求國會撥款 5 億美元，用在沙烏地阿拉伯訓練溫和派的敘利亞反抗軍，初期計畫是一年內訓練五千人。

對於這點，有議員說，歐巴馬之前說敘利亞反抗軍是由一批農民、醫生與藥劑師組成的雜牌隊伍，質疑他們的戰鬥力和利用價值，現在，美國卻準備訓練和武裝這股勢力，美國能夠招募到足夠的訓練人員嗎？這五千人能夠扭轉對 ISIS 的戰局嗎？美國有多大信心、能使用何種手段使受訓人員服從美國的安排，去攻打 ISIS 而不是攻打阿塞德政權？如何保證美國向反抗軍提供的武器不會落入其他極端分子的手中？在主席的追問下，哈格爾表示，除了這批五千人，美國另外還有秘密訓練計畫。

三、伊拉克新政府能否化解國內的教派衝突？

歐巴馬在九月十日才宣布新的反恐戰略的原因，其中一個重要考量就是要向伊拉克政府施壓，強調美國援助伊拉克的前提，是伊拉克必須建立一個具有包容性的新政府。

鄧普西表示，新戰略是一個「伊拉克第一」的戰略，是由伊拉克政府打頭陣、擔當重任。

但議員們多次提問，說伊拉克國內的教派衝突一直十分嚴重，在馬利基政府任內更加惡化，伊拉克新政府有能力化解遜尼派的疑慮，並使什葉派政府交出一部分權力，從而建立一支統一的伊拉克國民衛隊嗎？

四、不與敘利亞阿塞德政權進行某種形式的合作是否可行？

哈格爾在證詞中再次重申，美國不會與敘利亞的阿塞德政府合作打擊ISIS，歐巴馬上周強硬表態，如果敘利亞敢攻擊美國戰機，他將下令美軍摧毀敘利亞的防空系統，這要比打擊ISIS容易，因為敘利亞的軍事基地比ISIS要明確得多，歐巴馬還說，阿塞德總統如果這樣做，將導致政權的覆滅。

但許多議員追問，歐巴馬政府是真的拒絕與敘利亞政府合作嗎？對於打擊這個深入敘利亞境內、控制地區與英國面積相當的恐怖組織，只憑空襲和所訓練的那些敘利亞反抗軍，而不考慮利用阿塞德政府軍這支打擊ISIS的最有戰鬥力的部隊，這樣做可行嗎？

五、國際聯盟能為美國分擔多少責任？

哈格爾表示，目前已經有四十多個國家表示將加入打擊ISIS的行動，三十多個國家準備提供軍事援助。

主席說，歐巴馬想組織一個廣泛的國際聯盟共同打擊ISIS，這是一個好的策略，有助於防止「美國將重新占領伊拉克」之類的話題再被挑起，但一些議員指出，做為北約盟友的土耳其，在阻止ISIS利用敘土邊境走私石油以獲取資金一事表現得不夠積極，那麼，沙烏地阿拉伯和阿拉伯聯合大公國等重要的遜尼派穆斯林國家，會盡多大的力量投入打擊ISIS的行動？另外，缺少伊朗的配合，國際聯盟的效率是否會大打折扣？

六、打擊行動會不會激化全球穆斯林對美國的敵意？

911事件後，美國的全球反恐行動與一些政策做法，被許多穆斯林視為對伊斯蘭教的敵對行為，美國民意調查機構蓋洛普（Gallup）公司在全世界進行了六年民調，調查結果也反映了穆斯林對美國及西方政策的反對。

有議員提問，美國所建立的打擊ISIS的聯盟，會不會給外界造成一種印象——這是不是一場美國與歐洲聯合對抗穆斯林世界的行動？

七、如何應對持美國護照的ISIS成員？

美國本土是否面臨ISIS的直接威脅，是歐巴馬政府擔憂的事情之一，多位議員在提問中表示，據說有一百多名持美國護照的公民加入ISIS作戰，歐巴馬的新戰略如何處理這一個問題？

哈格爾表示，美國會加強國土防衛，阻止在中東地區的外國恐怖分子進出該地區。美國前司法部長霍爾德（Eric Holder）也表示，ISIS的崛起，以及一些美國人企圖加入極端激進組織的行動，凸顯了美國公眾面臨暴力極端分子帶來威脅的急迫性，司法部和白宮已經開始發動一場包括社區代表、公共安全官員、宗教領袖和聯邦執法人員等力量的行動，在部分城市搜查與逮捕暴力極端分子和本土恐怖分子，以免他們日後發動襲擊，但議員們對如何防止這些極端分子回流美國發動恐怖攻擊，仍然相當憂慮。

八、美國最後是否不得不投入地面部隊作戰？

只靠空襲而不出動地面部隊就要實現歐巴馬所設定的目標，美國國內本來就有不少質疑聲浪，鄧普西表示，歐巴馬總統在宣布新戰略時，明確地說美國不會派軍隊參加地面作戰，但也表示要根據事態變化來決定，鄧普西說：「我認為目前的聯盟戰略是合適的，但如果該戰略失敗，如果ISIS威脅到美國，我當然會向總統報告並提出可能包括出動地面部隊的建議」，此話一出，引發了許多議員追問，有議員說，這是一場「打地鼠」的遊戲，美國無法預料下一步會發生什麼事；鄧普西還說，單憑軍事手段無法解決ISIS問題，必須通過包括外交手段在內的整合戰略來打擊ISIS，他說：「這可能是一帖難以下嚥的苦藥，但確實沒有簡單的軍事方案」可以一次解決。

九、這場軍事行動的代價會有多高？

不久美國就將舉行期中選舉，一些議員表示，美國已經在中東地區進行了十三年的戰爭，對伊拉克政府提供了將近2百億美元的援助，幫助他們建立軍隊，但如今大家看到的卻是ISIS的崛起。

美國對外援助所投資的金錢和物資都該好好珍惜，現在必須考慮新的戰略能改變些什麼？現在政府要求國會撥款，未來還會要求多少？在面對自己的選民的時候，他們必須能夠回答這個問題；此外，美國在什麼情況下才會結束打擊ISIS的行動？

十、歐巴馬是否需要國會授權？

主席表示，不管根據國內法還是國際法，歐巴馬總統都擁有執行上周所宣布的有限軍事行動的授權，但仍有數位議員要求哈格爾和鄧普西作證：他們是否向歐巴馬提出了關於向國會請求授權展開軍事行動的建議？為什麼歐巴馬認為國會在二〇〇一年授權總統攻打蓋達組織，而現在同樣適用於打擊ISIS？

註1：此處ISIS是IS建國之前的稱法。

臉譜書房 FS0049

你所不知道的IS

40個關鍵面向，全面理解伊斯蘭國的崛起、運作與全球威脅

作　　者　王友龍
編　　輯　謝至平
編輯總監　劉麗真
總 經 理　陳逸瑛
發 行 人　凃玉雲
出　　版　臉譜出版
城邦文化事業股份有限公司
台北市民生東路二段141號5樓
電話：886-2-25007696　傳真：886-2-25001952
發　　行　英屬蓋曼群島商家庭傳媒股份有限公司城邦分公司
台北市中山區民生東路141號11樓
客服專線：02-25007718；25007719
24小時傳真專線：02-25001990；25001991
服務時間：週一至週五上午09:30-12:00；下午13:30-17:00
劃撥帳號：19863813　戶名：書虫股份有限公司
讀者服務信箱：service@readingclub.com.tw
城邦網址：http://www.cite.com.tw
香港發行所　城邦（香港）出版集團有限公司
香港灣仔駱克道193號東超商業中心1樓
電話：852-25086231或25086217　傳真：852-25789337
電子信箱：hkcite@biznetvigator.com
新馬發行所　城邦（新、馬）出版集團
Cite（M）Sdn. Bhd.（458372U）
41, Jalan Radin Anum, Bandar Baru Sri Petaling,
57000 Kuala Lumpur, Malaysia.
電話：603-90578822　傳真：603-90576622
電子信箱：services@cite.com.my
一版一刷　2015年7月

城邦讀書花園
www.cite.com.tw

ISBN 978-986-235-454-4

售價：NT$ 280
（本書如有缺頁、破損、倒裝、請寄回更換）

國家圖書館出版品預行編目資料

你所不知道的IS：40個關鍵面向，全面理解伊斯蘭國的崛起、運作與全球威脅／王友龍著；-- 一版. -- 臺北市：臉譜，城邦文化出版；家庭傳媒城邦分公司發行, 2015.07
面；　公分.
ISBN 978-986-235-454-4（平裝）
1.伊斯蘭教　2.恐怖主義　3.中東
735　　104010583